AF300177

DES DROITS DE SUCCESSION

DE L'ENFANT NATUREL

EN DROIT ROMAIN ET EN DROIT FRANÇAIS.

DISSERTATION

PRÉSENTÉE A LA FACULTÉ DE DROIT DE STRASBOURG

POUR OBTENIR LE GRADE DE DOCTEUR EN DROIT

ET SOUTENUE PUBLIQUEMENT, LE 17 AOUT 1857, A MIDI.

PAR

ALPHONSE WILLM,

AVOCAT.

Cœlibes esse prohibento.
Cic., *De legibus.*

STRASBOURG,

IMPRIMERIE DE VEUVE BERGER-LEVRAULT, IMPRIMEUR DE L'ACADÉMIE.

1857.

A LA MÉMOIRE

DE

MON PÈRE.

A MA MÈRE.

A. WILLM.

FACULTÉ DE DROIT DE STRASBOURG.

PROFESSEURS.

MM. Aubry ✳, doyen . . . . Droit civil français.
    Hepp ✳ . . . . Droit des gens.
    Heimburger . . . . . . Droit romain.
    Thieriet ✳ . . . . . . Droit commercial.
    Schützenberger ✳ . . Droit administratif.
    Rau ✳ . . . . Droit civil français.
    Eschbach. . . . . Droit civil français.
    Lamache ✳ . . . . . . Droit romain.
    Destrais . . . . Procédure civile et législation crimin.

Lederlin . . .
Marinier . . .   } professeurs suppléants provisoires.

M. Blœchel ✳, professeur honoraire.

M. Bécourt, officier de l'Université, secrétaire, agent comptable.

M. Hepp, Président de la thèse.

Examinateurs MM. { Heimburger.
    Thieriet.
    Schützenberger.
    Marinier.

La Faculté n'entend ni approuver ni désapprouver les opinions particulières au candidat.

SOMMAIRE.

Droit romain.

Droit français.

DES DROITS DE SUCCESSION

DE L'ENFANT NATUREL

EN DROIT ROMAIN.

———◦◇◦———

INTRODUCTION.

L'enfant illégitime est l'enfant issu de deux personnes que n'unit pas le mariage. Les enfants nés hors des *justæ nuptiæ*, consécration civile de l'union sexuelle, naissent hors des limites du Droit civil. Le formalisme du Droit quiritaire réserve tous les droits de famille aux enfants que le latin appelle justes (*justi liberi*). Aussi tant que le préteur n'a pas introduit son pouvoir édictal dans les lacunes du vieux Droit civil, et élargi, rompu, assoupli les catégories étroites et sacramentelles où s'emprisonnaient les idées juridiques, l'enfant illégitime demeure exclu de la succession paternelle, et même de la succession maternelle. Il n'est ni héritier sien ni agnat, et les cognats n'héritent pas.

Cependant, en face du *Jus quiritium* se dresse le Droit prétorien ; en face de l'*Hereditas*, la *Bonorum possessio*.

1

En appelant les cognats à succéder, le préteur ne distingue pas la naissance légitime de la naissance illégitime, il proclame en principe et en fait l'égalité des enfants devant la mère; l'enfant illégitime recueille sa part virile dans la succession *ab intestat* de sa mère.

Quant au père, aussi longtemps qu'aucune institution intermédiaire ne vient relier le mariage au commerce illégitime, l'enfant naturel n'a aucun droit sur sa succession : mieux encore, il n'a pas de père ; le père illégitime est un être inconnu en droit. Le père de l'enfant, c'est tout le monde, *vulgus*, et ce n'est personne. On peut légitimer son enfant naturel, on ne peut pas le reconnaître. Mais la légitimation par adrogation était difficile, et les autres moyens de légitimation supposent l'équivalent de la reconnaissance, la certitude juridique de la filiation paternelle. Que le père consente à s'avouer père, cette bonne volonté est inutile; elle ne trouve dans la loi aucun appui, elle ne peut se manifester légalement, elle ne crée aucun lien de droit. Tous les enfants non légitimes, quelles que soient les circonstances de leur naissance, fruits de la bigamie, enfants abandonnés près de la colonne lactaire, enfants inavouables, *ex nefariis complexibus nati*, ou fils d'un citoyen et d'une étrangère unis *animo conjugali*, mais que les limites étroites du *connubium* empêchaient de contracter mariage, tous sont confondus dans la tourbe des *spurii*, des enfants sans père, des *vulgo quæsiti*. Les éléments matériels de certitude eussent abondé pour prouver la paternité, que ni l'enfant ni le père n'y eussent pu trouver le fondement juridique d'un lien réciproque. Les mariages non solennels, soit répugnance à subir les charges des *justæ nup-tiæ*, soit impossibilité légale ou politique, étaient entrés profondément dans les mœurs romaines. Le sort des enfants qui naissaient de ces unions méritait d'être pris en considération, et distingué, d'une manière ou de l'autre, des enfants réellement sans père. Toute antithèse sociale est funeste, et quand elle n'existe plus dans les mœurs, quand le moyen de diminuer la tension factice qu'elle cause est à portée de la main, le législateur fait sagement d'adopter ce moyen, d'admettre dans la loi ce degré intermédiaire déjà impatronisé dans les usages. La loi *Papia Poppæa*, rendue sous Auguste (*A. U.* 763), vint remplir ce but, tout en obéissant à un besoin de repopulation amené par les guerres civiles. Le *concubinatus* entra du fait dans le droit, il devint une institution. Concubine fut un titre, moins honorable qu'*uxor*, mais qui plaça la femme bien au-dessus des *meretrices*. Les empêchements au mariage, fondés sur la parenté, sur l'existence d'une union antérieure, furent des empêche-ments au concubinat. Ces empêchements le rehaussaient; ils traçaient entre lui et les unions coupables, *coitus damnati*, une ligne de démarcation qui constituait sa dignité relative. Le concubinat moralisait le concubinage.

En même temps il le légalisait. Les enfants nés d'une concubine ne furent plus des *spurii*, des *vulgo concepti*, ils prirent un nom, *liberi naturales*, ils eurent un père.

C'est sur cette base que reposent en Droit romain les droits de l'enfant naturel sur la succession de son père. L'institution du concubinat a duré autant que l'empire romain: on la retrouve dans plusieurs États au moyen-

4

âge. En Orient, le Droit canonique et les constitutions
de Léon le défendirent et s'élevèrent énergiquement contre
les lois anciennes qui l'autorisaient. Le Droit de Justinien le laisse encore intact[1] ; toutes ses dispositions sur
la matière représentent le concubinat comme une institution civile et continuent à le prendre comme base des
rapports de filiation et de successibilité naturelle, en ce
qui concerne le père, sans déroger, sinon sur des questions de détail, à l'ancien principe prétorien d'égalité
absolue des enfants dans la succession maternelle. Nous
allons examiner les droits qui appartiennent aux *liberi
naturales* dans la succession de leur père et ceux qui appartiennent à tous enfants illégitimes dans la succession
de leur mère, qu'ils soient naturéls (*ex concubina nati*)
ou *vulgo concepti*, qu'ils aient un père démontré ou qu'ils
n'en aient pas, ou ce qui est pis encore, qu'ils en aient
un qu'il n'est pas permis d'avoir : *possunt quidem patrem
demonstrare, sed eum habent quem non licet habere* ; nous
parlons des *incestuosi* et des *adulterini*.

------

1. Justinien l'appelle *licita consuetudo*. Const. 5, C. VI, 57. *Ad senatc.
Orph. Concubinatus per leges nomen assumpsit*. L. 3, § 1; D. XXV, 7. *De
concubinis*.

CHAPITRE PREMIER

Droits sur la succession du père naturel.

§. I.

Par la volonté du père.

(Succession testamentaire.)

Le droit du père d'avantager ses enfants naturels diffère d'étendue et change même de caractère selon qu'il laisse à son décès des descendants légitimes ou qu'il ne laisse que des ascendants ou d'autres parents. Dans le premier cas, en effet, la restriction apportée par la loi au droit de tester est de nature exceptionnelle; la part que les enfants naturels peuvent recevoir n'équivaut pas à la quotité dont le père aurait pu disposer sans toucher à la légitime des descendants; elle est ce que nous appellerions en Droit français, une quotité disponible de droit exceptionnel. Dans le second cas, au contraire, par un retour équitable au Droit commun, le Code et les Novelles n'imposent aucune restriction particulière aux libéralités du père naturel; la part testamentaire des enfants naturels n'est bornée que par la légitime des ascendants.

1º Quand le père naturel laisse des enfants légitimes, il ne peut léguer qu'une once aux enfants naturels. *Matre, vel legitimis filiis vel nepotibus aut pronepotibus cujuscumque sexus, uno pluribusve existentibus, bonorum suorum unam tantum unciam pater naturalibus filiis vel filiabus* .... *relinquendi potestatem habeat.* (Const. 2; C. 5, 27. *De natur. lib.*) Une once, c'est-à-dire, un douzième; la part qu'il voulait laisser à leur mère, se prenait sur cette once, de façon que les parts réunies de la mère et des enfants naturels ne fussent pas de plus d'un douzième. *Una uncia eos dignos esse.... et hac cum sua matre* (Nov. 89, c. 12, pr.), ce qui doit s'entendre comme nous venons de le faire, et non comme si le testateur, en léguant une once, eût été obligé d'en laisser une partie à la concubine, pas plus qu'il ne faut tirer du texte qui, lorsque la concubine est seule, lui accorde une demi-once, $\frac{1}{24}$, *si sola sit concubina, semunciam largiendi* (Const. 2; C. 5, 27), la conclusion que la mère, en concours avec ses enfants naturels, peut prendre la moitié de l'once et n'en laisser aux enfants que l'autre moitié. Si le legs du douzième est fait conjointement à la mère et aux enfants naturels, ils le partagent par portions viriles; mais le testateur a le droit de les avantager inégalement; le texte : *una cum matre*, n'a pour but que de fixer à une once le maximum des parts réunies de la concubine et de ses enfants.

Il importe peu que les enfants soient nés tous de la même mère ou de plusieurs concubines; la Novelle 89, c. 12, témoigne qu'il n'y a pas lieu de distinguer les uns des autres; elle ne s'applique, il est vrai, directement, qu'aux successions *ab intestat;* mais il n'y a aucune raison pour décider autrement quand la succession est testamentaire.

Une constitution des empereurs Arcadius et Honorius (Const. 2, C. 5, 7, déjà citée) portait que la restriction des legs au maximum d'une once aurait lieu non-seulement quand le père laissait des enfants ou descendants légitimes, mais, à défaut d'enfants, quand il laissait sa femme, la mère de ses enfants légitimes. *Matre vel legitimis filiis…. existentibus ;… unam unciam….* Cette disposition est effacée par Justinien, dans la Novelle 89, c. 12 ', où il décide, sans faire d'autre réserve que pour les ascendants, qu'à défaut de descendants légitimes, le testateur pourra léguer les douze onces à ses enfants naturels.

2° Quand le père naturel n'a pas laissé de descendants légitimes, l'incapacité relative de recevoir s'évanouit pour les enfants naturels ; ils peuvent, soit entre vifs soit par testament, recevoir de leur père tout ce qui n'est pas réservé à des héritiers légitimaires [2] ; en l'absence de ceux-ci, ils peuvent recevoir les douze onces, c'est-à-dire la totalité du patrimoine paternel. *Si vero filios non habuerit legitimos, aut quemquam ascendentiam, quibus necessitas est legis relinquere partem propriæ substantiæ competentem, testatori licentia sit etiam in duodecim uncias scribere filios naturales heredes, et dividere inter eos…* (Nov. 89, c. 12, §. 3.) De ce texte on peut déduire deux conséquences : Les ascendants sont les seuls héritiers dont la présence empêche le testateur de léguer tout son patrimoine à ses enfants naturels. En second lieu, ils ne

---

1. Voyez aussi l'authentique *nunc soli*, Cod. 5, 7.

2. Les anciennes lois, sans distinguer si les héritiers étaient ou non légitimaires, permettaient au père qui mourait *sine legitimâ sobole vel conjuge*, de laisser 3 onces, 1/4, à l'enfant naturel. Justinien étendit d'abord cette faculté à 6 onces, 1/2, par la Const. 8, Cod. 5, 15, *de naturalibus liberis*. Le droit nouveau né dut sa naissance qu'à la Nov. 89, 12.

jouissent de ce que la loi leur réserve qu'à titre de légitimaires et dans la mesure de leur légitime. D'où il suit
que, quand même d'autres héritiers viendraient, par
analogie, réclamer une légitime, leur réclamation serait
sans force contre le legs universel fait aux enfants naturels. Aussi n'hésiterons-nous pas à exclure en pareil
cas les frères et sœurs légitimes.

La question de savoir si les frères ont une légitime
n'est plus guère controversée. Les frères utérins ne sont
pas admis à former la *querela inofficiosi testamenti*; ce
droit n'appartient qu'aux frères germains ou consanguins,
mais sous une condition, c'est que l'héritier institué soit
une personne infâme ou notée, *si scripti heredes infa-
miæ, vel turpitudinis, vel levis notæ macula adspergantur*
(Const. 27, C. III, 28, *De inoff. test.*). Ce n'est donc pas,
à vrai dire, une légitime qui leur compète, puisqu'il
est de l'essence de la légitime de s'exercer contre toute
personne indifféremment; ils peuvent, dans l'hypothèse
dont nous venons de parler, former la plainte d'inofficiosité, et demander que le testament soit rescindé, mais
voilà tout. Or, il est évident que l'enfant naturel n'est
pas de plein droit rangé dans la classe des personnes
honteuses, infâmes ou notées; ces qualités peuvent s'attacher à une profession, à une condamnation, à des
vices personnels, mais pour quiconque a compris l'institution du concubinat romain, il est impossible de les
faire résulter du fait même de la naissance. Si donc l'enfant naturel est personnellement pur de l'*infamia* ou de
la *levis nota*, les frères légitimes du défunt ne peuvent
intenter contre lui la querelle d'inofficiosité; d'ailleurs,

les différents textes qui règlent cette matière ne protègent que les ascendants. Quand donc les enfants naturels sont en concours avec le père ou la mère ou d'autres ascendants du défunt, ils peuvent recueillir la moitié du patrimoine , *medietatem totius substantiæ*[1]. Quand ils concourent non avec des ascendants, mais avec d'autres parents, fût-ce des frères et fût-ce des frères germains ou consanguins, ils peuvent recevoir la totalité du patrimoine, *duodecim uncias.*[2]

§. 2.

Sans la volonté du père.

(Succession ab intestat.)

Si le Droit romain laisse au père une grande latitude pour avantager ses enfants naturels, s'il ne lui impose une restriction spéciale que dans le cas où il existe des descendants légitimes, il traite, au contraire, avec une rigueur extrême les enfants naturels en faveur de qui leur père n'a pas fait de dispositions et qui ne viennent à sa succession qu'*ab intestato*. L'infériorité native de l'enfant naturel ne disparaît ou ne diminue que quand le père use de son droit de disposer, droit supérieur et dont la souveraineté presque absolue n'a été consacrée nulle part avec autant de largeur qu'en Droit romain. Mais la loi se contenta de permettre au père l'extension des droits de ses enfants naturels; quand il négligeait de pourvoir à leur sort et qu'il mourait *intestat*, la loi, sans

1. Nov. 18 , cap. 5.
2. Nov. 80, cap. 12 , § 3.

les exclure entièrement, ne les admettait à la succession qu'en de certaines conditions et pour une part très-faible.

Quand le défunt laissait, soit son épouse, soit des enfants légitimes, l'enfant naturel n'avait aucun droit sur sa succession, et ne pouvait réclamer que des aliments. *Si quis habens filios legitimos, relinquat et naturales, ab intestato quidem nihil eis existere omnino volumus; pasci vero à legitimis naturales sancimus;* ces aliments, ajoute la loi, seront réglés eu égard à la consistance de l'hérédité *arbitrio boni viri.* Nov. 89, 12, §. 6. Si le père naturel mourait au contraire sans laisser ni épouse ni descendants légitimes, les enfants naturels et leur mère recueillaient deux onces, le sixième de la succession. Qu'il n'y eût qu'un enfant naturel ou qu'il y en eût plusieurs, la part commune ne variait point; mais ils pouvaient être de plusieurs concubinats successifs; s'ils étaient nés de deux ou plusieurs concubinats simultanés (ce qui constitue une contradiction *in terminis*), ils n'héritaient pas, par cette raison fort simple, que dans ce cas le concubinat perdait son caractère légal, et que les enfants, au lieu d'être des *liberi naturales*, étaient de véritables *spurii*, incapables d'avoir même un droit alimentaire sur la succession paternelle. *Hæc dicimus*, dit à la vérité Justinien, après avoir fixé à un sixième la part des enfants naturels, *si (pater) uni concubinæ cohabitaverit et filios ex ea habuerit, aut præcedente concubinæ morte forsan aut divisione, filii domi sint*[1]. Ce passage, pris isolément, ferait supposer que le droit de succession *ab intestat* n'appartient aux enfants naturels

---

1. Nov. 18, cap. 5.

qu'à la condition d'être nés d'une seule et même mère. Mais le texte continue et se complète : *si autem .... multitudinem habeat concubinarum fornicantium ..... et ex eis filios faciens moriatur, multas* simul *relinquens concubinas ..... procul ab hac Lege expellatur.* Il est clair que la loi n'entend proscrire que les enfants nés d'une polygamie immorale qui ne mérite pas plus le nom de concubinat que celui de mariage, promiscuité parfaitement caractérisée par les termes de la loi : *multas simul,* plusieurs femmes à la fois, gardées ensemble confusément, *confusa concupiscentia.* La simultanéité, voilà le caractère condamnable; mais rien ne s'oppose à ce que plusieurs concubines se succèdent; leurs fils sont des enfants de concubines; l'interdiction ne les frappe pas.

S'il y a plusieurs mères vivantes, faut-il attribuer à chacune d'elles une portion de la quotité commune? Nous ne le pensons pas; il n'existe pas, que nous sachions, de texte formel qui l'accorde à l'une préférablement à l'autre; mais la nature même des liens qui unissent les concubins s'oppose à cette attribution : le titre de concubine s'acquiert sans formalité par le fait de la cohabitation joint à l'intention de vivre *in concubinatu;* il se perd de même par l'éloignement de la femme accompli *animo separationis.* Que reste-t-il de cette union passagère? Et quand même il resterait un acte de concubinat, une *testatio* comme l'exige la L. 3, D. XXV, 7, *de concubinis,* lorsqu'une fille de condition ingénue et de vie honnête [1]

---

1. La *testatio* est exigée en pareil cas, parce qu'autrement la présomption contraire militerait soit pour la femme en la réputant *uxor,* soit contre elle, au refus de l'homme, en donnant au commerce qu'elle aurait eu avec lui le caractère du *stuprum. Lex cit.*

entend contracter ce lien inférieur, la séparation une fois
consommée, nul titre légal n'attache plus l'ancienne concubine au père de ses enfants; dans le partage des deux
onces qui reviennent à ceux-ci, on ne doit donc comprendre que la femme qui portait le titre de concubine
à la mort du père. Elle prend une part d'enfant naturel,
ut pro portione unius filii et mater accipiat. (Nov. 18, c. 5.)

La part des enfants naturels reste invariable quelle que
soit la classe des héritiers légitimes; quand même aucun
héritier ne se présenterait, ils n'auraient encore droit
qu'à deux onces; le fisc prendrait le surplus.

Aucun droit n'est concédé aux enfants naturels sur les
biens de leurs ascendants paternels[1]; la successibilité à
titre de petit-fils ou de neveu, dans la ligne paternelle,
lui est formellement déniée par la Const. 12, C. 5, 27,
de natur. liber.

§. 2.

Malgré la volonté du père.

On n'a pas toujours dénié aux enfants naturels l'existence d'une légitime à leur profit; l'opinion prédomi-
nante cependant est que le père peut les exhéréder ou les
omettre dans son testament sans qu'ils puissent intenter
la *querela inofficiosi testamenti.* Les textes qu'on produit
à l'appui de cette opinion nous paraissent peu concluants,
nous devons le dire. Nous avons cherché à y puiser la

---

1. Quand ces ascendants n'ont pas de postérité légitime, ils peuvent laisser à
leurs petits-fils naturels une part indéfinie de leurs biens. *Sed hoc in his tan-
tummodo sancimus, in quibus voluntate aliquid consecuti sunt.* C. 12, C. 5, 27.

conviction que les enfants naturels n'avaient que des droits *ab intestat* ou *secundum tabulas* et ne pouvaient en avoir *contra tabulas*; mais nous n'y avons trouvé qu'une seule certitude, c'est que ces lois ne tranchent pas la question et ne peuvent être invoquées dans la matière ni pour les uns ni pour les autres. Quelles sont les lois qu'on cite ordinairement? Ce sont les constitutions 2 et 5 déjà citées (Cod. 5, 27, *de natur. liber.*), les Novelles 18 et 89, la Loi 29, D. 5, 2. Ces lois, dit-on, ne sont pas impératives; elles se bornent à permettre au père, par des considérations d'humanité, de laisser une certaine partie de ses biens à ses enfants naturels: *pater habeat potestatem ... permittimus patri ...*

Ces expressions, il est vrai, ne sont que facultatives, mais elles ont trait à la part la plus grande, à la latitude du droit; elles ne contiennent pas forcément la négation d'une quotité obligatoire. Une disposition qui porterait, par exemple: *coarctatam omnimodo partem naturalibus a patre relinqui volumus,* ne contredirait en rien les dispositions précédentes, mais les compléterait au contraire. On allègue le §. 4 du chap. 12 de la Novelle 89, le texte même sur lequel les enfants naturels fondent leur droit de succession *ab intestat* et qui détermine les conditions dans lesquelles ce droit s'ouvre pour eux: point de descendants, point d'épouse survivante, mort sans avoir disposé de ses biens, *si moriatur non disponens de substantia sua.* Si le père, au contraire, meurt *disposita substantia,* la loi n'est plus applicable, dit-on. Non sans doute; car ou bien le testament instituera ou avantagera les enfants naturels, ou bien il ne

leur donnera rien. Pourront-ils réclamer dans ce cas?
La loi n'en dit rien; les termes *non disponens de substantia
sua* sont précisément synonymes de *intestatus* et excluent,
par conséquent, l'hypothèse d'une exhérédation. Un argument *a contrario* encore moins spécieux se tire d'après
quelques auteurs du §. 1er, loi 29, au Digeste (5, 2, *de
inoff. test.*). Voici le texte : *De inofficioso testamento matris
spurii quoque dicere possunt.* Donc ils ne le peuvent pas
contre le testament du père. Le raisonnement est d'une
fausseté évidente. Qui parle d'accorder aux *spurii* non
pas une légitime, mais un droit quelconque sur la succession paternelle? Il est clair d'ailleurs qu'en disant
spurii quoque, la loi sous-entend : *a fortiori liberi naturales*, et que sa véritable et unique signification est la
suivante : la querelle d'inofficiosité contre le testament
de la mère pourra être intentée non-seulement par les
liberi naturales, enfants du concubinat, mais aussi par
les enfants quelconques, les enfants sans père, les *spurii*.

Il n'y a donc dans toute cette herméneutique que des
inductions sans consistance, et pas un seul argument
solide. Ceux que nous proposerons pour établir l'existence
d'une légitime au profit des *liberi naturales* ne sont également que des inductions, auxquelles néanmoins on re-
connaîtra peut-être quelque valeur. La négative, nous
l'avons vu, ne s'appuie sur aucun texte formel; elle pourrait tout au plus s'induire du silence de la loi. C'est précisément ce mutisme qu'il s'agit d'interpréter. Dans les
matières exceptionnelles, pourra-t-on dire, le silence est
une négation virtuelle. En Droit français, ce principe est
d'une justesse et d'une vérité incontestables, parce que

nul n'a qualité chez nous pour suppléer une lacune législative, parce que toutes nos institutions judiciaires sont conservatrices et modératrices, et qu'il est interdit au juge de légiférer. Le préteur, au contraire, qu'est-il, sinon l'extenseur-né de toute loi insuffisante, l'introducteur de tout progrès, de toute innovation? Oublie-t-on tous les droits exceptionnels qu'il a étendus, toutes les dispositions *strictissimæ interpretationis* qu'il a interprétées *latissime?* A Rome, tout Droit est exceptionnel, tout est formel, strict, sacramentel, rien ne peut s'étendre de par la loi; voilà pourquoi tout peut s'étendre de par le préteur. Le droit de propriété, droit exceptionnel, réservé aux seuls *quirites*, entouré de symboles; le latin, l'étranger, ne peuvent posséder; *te mitto in possessionem*, dit le préteur. Droit de succession *ab intestat?* droit exceptionnel; les *heredes sui*, les agnats héritent seuls, c'est la loi; *unde cognati...* dit le préteur. La légitime? droit exceptionnel; mais le préteur ne pouvait-il pas appliquer à cette matière les règles d'analogie et d'équité qui le guidaient en pareille occurrence? L'enfant naturel (il ne s'agit, souvenons-nous en, que de l'hypothèse où les descendants légitimes faisaient défaut, ainsi que l'épouse) semblait désigné par l'équité pour succéder à son père; un testament le déshéritait; sa position était digne de pitié; puisque cet enfant tenait lieu d'enfant légitime, comme sa mère avait tenu lieu d'*uxor*, puisqu'on lui accordait un droit *ab intestat* puisé déjà dans cette raison d'analogie, n'est-il pas probable que le préteur, par une simple assimilation, telle qu'il en faisait chaque jour, put se croire autorisé à proportionner la part de l'enfant naturel à celle de l'enfant légitime (*in thesi*), et à lui appliquer le bénéfice de la *quarte Falcidie*, toute proportion gardée du reste? Qu'est-ce que ce droit *ab intestat* de l'enfant naturel, sinon déjà une intervention de la loi destinée à modérer l'effet de la mauvaise volonté du père à l'égard de son enfant? Ce que les Romains avaient le plus à cœur, on le sait, c'était d'user de ce large droit de tester que consacraient les lois. Disposer soi-même de ses biens, c'était leur plus cher privilége, et c'était la règle générale; mourir *intestat* était l'exception. Le père naturel pouvait léguer à son fils la moitié, et à défaut d'ascendants, la totalité de son patrimoine, droit dont l'étendue nous étonne et nous semble exorbitante. Si donc il ne testait pas en faveur de ce fils, s'il n'usait pas de ce *jus testandi* dont les Romains étaient si jaloux, il y avait présomption de mauvaise intention de sa part, si bien que la loi en appelant l'enfant naturel à prendre deux onces dans la succession *ab intestat*, l'appelait malgré le père, et contrecarrait son intention, suffisamment manifestée par l'absence de testament. Pour l'enfant naturel, hériter sans la volonté du père, c'était en quelque sorte hériter malgré la volonté du père. Son droit *ab intestat* renferme donc en germe et logiquement l'idée d'une légitime.

L'*edictum perpetuum* de Salvius Julianus n'est pas venu jusqu'à nous; les compilateurs du digeste peuvent lui avoir fait des emprunts, mais le recueil même du droit prétorien nous manque. Peut-être le texte décisif qui nous fait défaut se serait-il rencontré dans ce recueil perdu. Quoi qu'il en soit, si les arguments que nous avons présentés ne démontrent pas sans réplique l'exac-

titude de notre opinion, ce qui du moins en ressort clairement, c'est que le préteur avait d'excellentes raisons
pour l'adopter; qu'avec sa tendance à conclure de la parité des causes à la parité des effets, il devait reconnaître
à l'enfant naturel le droit de ne pas être dépouillé entièrement; qu'il y a enfin dénûement de preuves pour la
négative, forte probabilité pour l'affirmative. De deux
choses l'une, et c'est à quoi nous voulions arriver, ou
bien l'affirmative était reçue sans discussion, de haute
lutte, grâce à une extension qui n'avait rien d'extraor-
dinaire; ou bien, à tout le moins, il y avait doute sur
la question, controverse, antagonisme. L'alternative est-
elle un moment douteuse? Quoi, la question serait controversée, et il n'en resterait nulle trace, ni au Digeste,
ni au Code, ni dans les Novelles[1]? La question serait
douteuse, et le proconsul n'eût pas écrit au prince, et le
prince n'eût pas répondu, et dans cette abondance de
décisions, dans cette forêt plantureuse de rescrits, de lois
et de constitutions, il n'y aurait pas une constitution,
une loi, un rescrit pour trancher cette question controversée, quand il n'y a pas de point litigieux si minime

---

1. Une dernière présomption, très-puissante à notre gré, résulte de la
Const. 12, C. 5, 27 (*de natur. liber.*), qui porte que les enfants naturels
n'ont pas de légitime à l'égard de leurs ascendants paternels (*avus*) et ne
peuvent leur succéder *ab intestat*. Cette négation expresse quant aux ascendants
nous paraît renfermer une affirmation virtuelle quant au père; pourquoi,
d'ailleurs, la loi eût-elle pris soin d'exprimer ce refus presque surabondant,
puisqu'aucune parenté utile ne liait l'ascendant et le petit-fils naturel, si la
légitime du fils naturel à l'égard du père n'eût été présente à son esprit, et
si elle n'eût craint que son silence ne fût interprété comme une assimilation,
en cette matière, de l'ascendant au père naturel?

qui n'y trouve sa solution, pas de question si simple qui
n'y soit prévue, analysée, tranchée?

Δα controverse n'existait donc pas; la loi considérait
la solution comme évidente, comme résultant par elle-
même des différentes raisons d'analogie que nous avons
développées; elle pouvait se taire avec sécurité. En adoptant cette manière de voir, voici les conséquences qui en
découlent: Le testateur devait laisser à son enfant naturel une certaine portion de ses biens, s'il ne voulait
exposer son testament à être attaqué pour cause d'inofficiosité; cette légitime de l'enfant naturel se calcule, en
procédant par analogie, de la même manière que celle
de l'enfant légitime. (Nov. 18, cap. 1.) Si les enfants naturels ne sont pas plus de quatre, leur légitime sera du
tiers des deux onces qui formerait leur part *ab intestat;*
s'ils sont plus de quatre, elle sera de la moitié de cette
même part. Cette Novelle 18, chap. 1, où Justinien augmente l'étendue de la légitime des descendants, ne parle
que des descendants; aucun texte ne porte une augmentation semblable par les ascendants; et cependant la plupart des auteurs sont d'accord pour la leur attribuer.
Nous sommes de leur avis, mais pourquoi ne sont-ils
pas du nôtre? L'analogie n'est-elle pas plus forte du
descendant légitime au *liber naturalis,* que du descendant
à l'ascendant?

Au surplus, nous le savons, cette doctrine est toute
conjecturale; nous la donnons pour ce qu'elle peut valoir.
Notre conviction se base sur des probabilités qui nous
ont paru très-fortes; en présence de raisons qui étaient
décisives pour nous, nous avons cru pouvoir, sans crainte

d'être accusé de paradoxe, mettre nos vues particulières
à la place de l'opinion généralement reçue.

Ajoutons que, de quelque manière qu'on tranche la
question, il est un cas où l'enfant naturel hérite malgré
la volonté de son père. Quand le testament est annulé
ou rompu, ou bien, quand les frères légitimes, dans le
cas où ils peuvent le faire, réussissent à faire admettre
une plainte d'inofficiosité, comme cette *querela* particulière est laissée par la Novelle 115, cap. 3-5, sous l'empire
du Droit ancien et a, par conséquent, pour but non-
seulement de se faire restituer pour la portion *ab intestat*, mais d'annuler[1] le testament qui institue une
persona turpis, la succession alors est déférée *ab intestat*,
et il n'est pas douteux que l'enfant naturel ne prenne
sa part comme les autres héritiers. Il n'en serait pas de
même si les ascendants intentaient la *querela*, car ils ne
pourraient attaquer l'institution d'héritier que jusqu'à
concurrence de leurs parts *ab intestat*.

CHAPITRE II.

Droits des enfants illégitimes sur la succession de leur mère.

La discussion, dans ce chapitre, portera moins sur
l'étendue du droit en lui-même, que sur le caractère des
héritiers. Nous examinerons dans un même paragraphe
quels sont les droits des enfants naturels dans la suc-

---

1. *Salvis libertatibus, legatis, fideicommissis, tutorum dationibus.*
Nov. 115, cap. 3, *in fine.*

cession *ab intestat* de leur mère, si la loi distingue à ce point de vue entre les différentes espèces d'enfants naturels, et enfin quelle exception fut introduite par Justinien aux principes généraux de la matière; dans un second paragraphe nous parlerons de la succession testamentaire de la mère et des droits que les enfants naturels peuvent avoir contre elle.

§. 1.

Succession **ab intestat.**

a) Droit général.

L'étendue du droit *ab intestat* des enfants naturels sur la succession maternelle n'a jamais fait l'objet d'une discussion ; tous les textes démontrent qu'ils succèdent en même temps que les enfants légitimes et pour des parts égales aux parts de ces derniers ; en un mot, qu'ils concourent avec eux sur le pied d'une égalité complète. Cela résulte notamment jusqu'à l'évidence de la loi même qui restreint leurs droits dans le cas spécial où la mère appartiendrait à la classe des *Illustres ;* si la mère illustre a des enfants légitimes en même temps que des *spurii (quibus incertus pater)*, ceux-ci, d'après la constitution 5 au Code, *ad senatc. Orph.* 6, 57, n'ont droit à aucune portion de la succession maternelle; mais si la concubine, même de condition libre, laisse des enfants naturels et des enfants légitimes, aux termes de la même constitution, *in fine,* ils arrivent tous ensemble et par conséquent pour portions égales, à la succession : *eos etiam cum legitimis liberis ad materna venire bona.* Si l'égalité naturelle n'était pas le vœu du législateur, la portion des enfants naturels serait déterminée; indéterminée, ce ne peut être qu'une portion virile. Ce principe est général; dans la succession maternelle, ou bien l'enfant naturel n'hérite pas, ou bien il hérite comme l'enfant légitime. En établissant, par conséquent, le droit de succession pour les divers genres d'enfants illégitimes, la quotité sera invariablement et sans qu'il soit besoin d'y revenir, fixée sur la même base, la base de l'égalité.

L'étendue du droit successif se trouve ainsi fixée et généralisée; recherchons à quels enfants ce principe juridique peut s'appliquer. Il est nécessaire d'examiner séparément le droit des Instituts et du Digeste et les changements que le droit du Code et des Novelles a fait subir à la législation antérieure.

1° Droit des Pandectes.

Tous les enfants naturels, sans aucune exception, succèdent à leur mère pour la même part que l'enfant légitime; il n'y a aucune distinction à faire entre les *liberi naturales*, les *vulgo concepti*, les *spurii*, les *incestuosi*, les *adulterini*. Prouvons d'abord que l'expression *vulgo concepti* embrasse dans sa généralité les *spurii* et que *spurius*, en outre, est le nom générique des *incestuosi* et des *adulterini. Vulgo concepti,* dit Modestinus au Digeste (L. 23, D. 1, 5 *de statu hominum*), *dicuntur qui patrem demonstrare non possunt, vel qui possunt quidem, sed eum habent quem habere non licet, qui et* spurii *appellantur.*

Il résulte de là que ce terme *vulgo concepti*, qui grammaticalement ne devrait s'appliquer qu'aux enfants sans père connu, embrasse de plus les enfants dont le père est connu en réalité, mais qui ne peuvent en avoir aux yeux de la loi; ce sont les *spurii*. Il en résulte encore que ce dernier terme, dans son acception même la plus étroite, comprend les *incestuosi* et les *adulterini*; ce sont les seuls enfants effectivement à qui convienne la définition de Modestinus : *Qui possunt quidem patrem demonstrare, sed eum habent quem habere non licet;* il parle évidemment d'enfants qui, nés d'un concubinat défendu pour cause de parenté ou d'union précédente, ou issus d'un mariage qu'une cause semblable rendait nul, ne sont pas admis à arguer de ce mariage ou de ce concubinat, base théorique de la paternité, pour prouver une paternité que la loi flétrit et rejette comme illicite. Qui dit *spurii*, par conséquent, dit enfants incestueux ou adultérins. On trouve des passages où le mot est pris dans un sens moins restreint ; mais quand la loi avantage l'espèce la moins favorisée, elle avantage *a fortiori* et virtuellement l'espèce plus favorisée ; quand elle dit *spurii veniant ad bona*, cela doit s'entendre non-seulement des *spurii* dans le sens étroit déterminé par Modestinus, mais des enfants naturels en général ; qui dit le moins dit le plus. Donc, qu'il soit pris dans son acception particulière ou dans une acception générale, le terme *spurii* comprend forcément les enfants adultérins et incestueux.

Cela posé, ouvrons les Instituts. Nous lisons, livre III, 4, §. 3 : *Novissime sciendum est, etiam illos liberos, qui vulgo quæsiti sunt, ad matres hereditatem ex hoc senatus-*

consulto (*Orphitiano*) *vocari*. La loi 2, D. 38, 8, *unde cognati*, n'est pas moins formelle : *itaque etiam vulgo quæsiti liberi et mater talium liberorum ... inter se bonorum possessionem petere possunt.* La loi 8 au même titre, ne laisse point de doute sur l'étendue de l'idée attachée au terme *vulgo concepti* ou *quæsiti*; le mot *spurii* s'y trouve en toutes lettres ; il ne s'agit plus même là d'un simple droit *ab intestat*, mais d'une véritable légitime ; et la légitime emporte le droit *ab intestat : de inofficioso testamento matris spurii quoque filii dicere possunt.* Ce qui démontre surabondamment que le mot *spurii* désigne éminemment dans cette matière les enfants incestueux, c'est que la constitution 6 au Code (5, 5, *de incestis nuptiis*) les Novelles 12, 1 et 74, 6, en défendant de rien leur laisser, en étendant formellement cette défense à la mère, dérogent manifestement aux lois antérieures et s'annoncent comme une innovation ; c'est encore la Novelle 12, 3, loi transitoire qui donne aux enfants incestueux nés avant la publication les trois quarts de leur part dans la succession paternelle, pourvu que le mariage incestueux soit rompu dans les deux ans ; c'est la préface de cette même Novelle où Justinien blâme ses prédécesseurs d'avoir puni l'inceste dans ceux qui en étaient innocents en les privant des biens *de leur père*, au lieu de punir les vrais coupables, c'est-à-dire les parents. *Pro incestis nuptiis dudum scriptas ab imperatoribus leges non perfecte habere judicamus; quæ eos quidem, qui incestis copulantur nuptiis, impunitos sinunt ; ex iis autem procedentem sobilem, utique inculpabilem existentem, privant rebus patris.* Par conséquent avant ces Novelles qui du

reste, tout en déshéritant par le fait l'enfant incestueux,
ne nient pas en principe son droit de succession vis à vis
de la mère, il avait les mêmes droits que les autres enfants,
soit légitimes, soit naturels, sur la succession maternelle.
Ainsi se trouve confirmé le principe que nous avons avancé,
de l'égalité devant la mère de tous les enfants sans distinction, au moins selon le droit des Pandectes.

2° Droit du Code et des Novelles.

Ce droit nouveau a sans doute apporté quelques changements au droit antérieur; mais on a voulu y trouver
une modification absolue, l'exclusion non-seulement des
enfants incestueux, mais même des *spurii* en général. On
s'est appuyé sur différents textes que nous citerons, pour
motiver cette exclusion; une interprétation plus soigneuse
nous fera reconnaître l'inexactitude de cette opinion et
nous permettra de réduire à leur proportion véritable les
modifications subies par le droit des Pandectes. On cite
d'abord l'authentique *Licet*, C. 5, 27 (*de naturalibus liberis*)
qui se termine ainsi : *sed qui ex damnato sunt coitu, omni
prorsus beneficio secludantur.* On cite encore la Nov. 74, 6 :
*eos enim, qui semel ex odilibus nobis. et propterea prohibitis
nuptiis procedunt, neque naturales vocari, neque partici-
panda eis ulla clementia est;* et la Nov. 89, 15 : *omnis qui e
complexibus (non enim hoc vocamus nuptias), aut nefariis,
aut incestis, aut damnatus processerit, iste neque naturalis
nominatur, neque alendus est a parentibus.* On veut trouver dans ces textes un principe absolu d'exclusion pour
tous les enfants nés d'un commerce défendu; et comme le

stuprum constitue un fait punissable d'après la loi *Juliana de adulteriis*, on en conclut[1] que les enfants nés du *stuprum*, les *spurii* en général, doivent être exclus tant de la succession maternelle que de la succession paternelle. Voyons si les textes cités permettent d'admettre une dérogation aussi énorme à la législation antérieure. L'authentique *Licet* est tirée de la Novelle 89; elle règle les droits des enfants naturels (*liberi naturales*) sur la succession soit testamentaire soit *ab intestat de leur père*, et les aliments qu'ils peuvent réclamer quand, en l'absence de testament, la présence d'enfants légitimes ou de l'*uxor* les déshérite; elle ajoute immédiatement les paroles citées plus haut: quant aux enfants nés d'un commerce condamnable, *damnato coitu*, qu'ils soient privés de tout émolument. Elle n'a trait, par conséquent, qu'à la succession du père et aux enfants, qui nés d'un concubinat apparent, mais illicite, auraient pu, en l'absence de cette disposition, se croire autorisés à réclamer dans la succession paternelle les droits des *liberi naturales*. Ce texte ne peut donc en aucune façon nous être opposé. Arrivons aux Novelles. Les enfants, dit Justinien (*loc. cit.*), nés de ces mariages que nous détestons et que les lois défendent, de ces embrassements — car nous ne pouvons les appeler des mariages — incestueux et maudits, ne doivent pas être réputés enfants naturels, ni participer aux bienfaits de nos lois, ni même avoir droit à des aliments soit de leur père soit de leur mère (*a parentibus*).

Comment a-t-on pu voir dans ces Novelles l'exclusion

----

1. Koch, *Succ. ab intestat*, §. 32.

des *vulgo concepti?* Condamnent-elles le *stuprum?* Renferment-elles une seule disposition, un seul mot qui ait quelque rapport avec les enfants sans père, avec ces *spurii*[1], que la loi assimile quant à la mère, aux enfants du concubinat et même aux enfants du mariage? Les mariages incestueux étaient particulièrement odieux, à Justinien; il les poursuit partout de ses rigueurs, il inflige à ceux qui s'en rendent coupables des peines nouvelles et sévères; la Novelle 12, 1, confirme sur ce point la Loi 6, c. 5, 5, *De incestis nuptiis*. Les Novelles que nous avons citées ont pour but unique d'empêcher, non pas tout enfant incestueux, mais les enfants nés de mariages incestueux, d'hériter de leurs parents ou de réclamer d'eux des aliments. Qu'on veuille étendre cette déchéance aux enfants nés d'un concubinat portant ce caractère odieux, c'est notre avis aussi, quoique cette extension dépasse déjà le texte et qu'il faille, pour l'appuyer, recourir à des arguments tirés de l'esprit de la loi; qu'on veuille assimiler aux enfants dont il est question les enfants adultérins, c'est un point que nous discuterons plus loin; qu'on applique l'interdiction de succession non-seulement à la succession paternelle, mais même à la succession maternelle, nous ne contesterons pas la

---

1. Nous prenons ici le mot *spurii* dans son sens général et comme synonyme de *vulgo quæsiti*. Qu'on ait appelé *spurii* les enfants incestueux ou adultérins, comme le prouve le fragment de Modestinus, cité plus haut, ce n'était pas pour assimiler les *spurii* en général, les enfants sans père, aux enfants incestueux, mais pour assimiler, au contraire, ceux-ci à ceux-là, et pour marquer ainsi qu'ils n'avaient aucun droit à la légitimité apparente de leur naissance.

justesse de cette opinion, nous chercherons même à la fortifier; mais qu'on vienne assimiler à l'enfant incestueux non plus l'enfant adultérin, non pas même l'enfant né d'un mariage prohibé par d'autres causes que l'inceste ou l'adultère, mais l'enfant né hors de tout mariage, le *vulgo conceptus* né du *stuprum*, l'enfant qui ne peut pas être incestueux, puisqu'il n'a pas de père, voilà ce qui est inadmissible, impossible à justifier, et ce que les plus simples considérations suffisent à repousser.

A celles que nous avons présentées et qui nous semblent porter un caractère absolu d'évidence, nous n'ajouterons que quelques mots. La Const. 5 (Code 6, 57 *ad senatc. Orph.*) interdit aux *spurii*, de recueillir aucun bien dans la succession de la *mater illustris*, quand celle-ci laisse des enfants légitimes ; elle ne le leur interdit pas quand la mère décède sans enfants légitimes; à plus forte raison conservent-ils leurs droits entiers quand la mère n'appartient pas à la classe des *Illustres*, et les exercent-ils même en concours avec des enfants légitimes, puisque ce concours n'est prohibé que dans l'hypothèse toute spéciale où se place la constitution citée. On ne nous objectera pas que les Novelles, *lex posterior*, ont pu déroger aux dispositions du Code; car nous demanderions qu'on nous fît toucher du doigt la dérogation. Pourquoi Justinien n'a-t-il pas consacré formellement un changement qui serait toute une révolution dans la société civile de son temps? pourquoi les glossateurs n'ont-ils pas intercalé une authentique après la constitution citée, pour empêcher qu'on ne se laissât prendre à l'argument *a contrario*, qui résulte invinciblement des dispositions de cette loi? Il est évident pour nous que ni le Code ni les Novelles n'ont rien innové au sujet des *vulgo quæsiti*, et que leurs droits sur la succession *ab intestat* de leur mère, sont entièrement les mêmes que sous la législation des Pandectes.

Il ressort cependant des textes que nous venons d'examiner, ainsi que de quelques autres passages du Code et des Novelles, qu'une exception importante a été apportée au principe général, d'après lequel tous les enfants naturels sans distinction avaient les mêmes droits sur la succession maternelle. Quelques auteurs, en discutant les dispositions nouvelles de Justinien à l'égard des mariages incestueux, ont tâché d'échapper à cette conséquence, et s'efforcent de démontrer que la déchéance du droit de succession ne frappe les enfants incestueux que vis-à-vis de leur père. Il n'est guère possible d'admettre ce tempérament en présence des textes formels qui étendent les rigueurs impériales à la succession maternelle elle-même. *Iste (incestuosus liber) neque alendus est a parentibus*; Nov. 89, 15; elle ne dit pas seulement *a patre*, mais *a parentibus*, et en déniant le droit aux aliments, elle dénie *a fortiori* le droit de succession. La Nov. 74, 6, il est vrai, après lui avoir dénié en termes généraux toute successibilité, ajoute: *sed sit supplicium etiam hoc patrum....* que ce soit le supplice des pères de ne pouvoir rien laisser à leurs enfants. L'argument qu'on voudrait tirer du mot *patrum* serait déjà bien faible en présence du texte précédemment cité; il est de plus avéré pour nous que le mot *patrum* s'est glissé là par erreur et qu'il faut lire *parentum*. Les textes grecs, en effet, portent τῶν πατρῴων; ce n'est qu'au seizième siècle qu'Agylæus, nous ne savons trop pourquoi, crut devoir remplacer ces mots par τῶν πατέρων, correction d'autant plus malheureuse que, si on lui attribue quelque influence sur la question, elle contredit la Nov. 89, 15, et que d'autre part il est impossible de lui en attribuer quand on lit la Constitution 6 (Code 5, 5, *De incestis nuptiis*). A la lecture de ce texte, effectivement, aucun doute ne peut subsister : Nul ne peut laisser la moindre partie de ses biens à ses enfants incestueux, soit par testament, soit *ab intestat*. Voilà ce que porte en substance la constitution citée; puis elle ajoute : *Ea sane quæ de viris cavimus, etiam de fœminis, quæ prædictorum sese consortiis commaculaverint, custodiantur.* Ainsi ni le père (ce qui, du reste, était bon à dire, car l'enfant incestueux n'eût été, sans cette exclusion formelle, ni *liber legitimus* ou *naturalis*, ni *vulgo conceptus* à l'égard de son père, et le doute aurait pu exister sur leurs rapports mutuels), ni le père, ni la mère, unis par un mariage incestueux, ne peuvent laisser aux enfants qui en sont issus une portion quelconque de leur patrimoine. L'exclusion, en fait, est démontrée; il nous reste à en apprécier le caractère.

La Novelle 12, 1, et la Const. 6, C. 5, 5, *De incestis nuptiis*, éclairciront la question. D'après cette institution, quiconque avait contracté un mariage incestueux, sans perdre pendant sa vie la libre disposition de ses biens, ne pouvait rien donner aux enfants qui en étaient issus, ni entre vifs, ni par testament. Jusqu'ici, rien de particulier; mais ce qui suit prouve que l'exclusion de ces enfants est la conséquence bien moins d'une incapacité personnelle de recevoir que de l'incapacité de tester qui frappe les parents à titre de peine. Nous citons textuellement : *Testamento suo* extraneis *nihil relinquat ; sed (sive testato , sive intestato) legibus ei et jure succedant, si qui forte ex justo et legitimo matrimonio editi fuerint : hoc est, de descendentibus filius , filia , nepos , neptis , pronepos, proneptis : de ascendentibus autem pater, mater, avus, avia ; de latere , frater, soror, patruus, amita* (Const. 6 ; Code 5 , 5). Incapacité absolue de tester , soit en faveur de l'enfant , soit en faveur d'un étranger ; lors du décès, déshérence complète et attribution des biens au fisc, à moins que l'une des personnes dont nous avons reproduit l'énumération limitative, ne se trouve survivre au défunt ; si d'autres héritiers prétendaient jouir de la succession, soit testamentaire, soit *ab intestat ,* le fisc les excluerait ; l'exception d'humanité qui relève l'époux incestueux de sa déchéance, ne s'applique qu'aux héritiers nommés au texte, et si parmi ceux-là le plus proche avait trempé dans la conclusion d'un mariage réprouvé , *si quis ex his quos numeravimus , in contrahendis incestis nuptiis consilium iniisse monstrabitur ;* cette connivence suffirait à le faire exclure et à faire attribuer les biens soit à l'héritier le plus proche après lui , soit, à son défaut, au fisc ; *successuro in locum illius , qui post eum gradu proximus invenitur.*

Ce caractère est plus frappant , cette déchéance des père et mère est plus rigoureuse encore dans la Novelle. Ce n'est plus à leur décès, c'est immédiatement que la confiscation frappe leur patrimoine ; la présence seule

d'enfants légitimes empêche la confiscation ; à la confiscation se joint l'exil, et même, *si viles fuerint*, des peines
corporelles. *Mulier quoque, si legem sciens, hanc quidem
neglexerit, incestis autem semetipsam tradiderit nuptiis,
sub eadem constituenda pœna* (Nov. 12, c. 1). Si maintenant on compare à ces dispositions rigoureuses de la
Novelle 12 les lignes qui la précèdent, la préface que
nous avons déjà citée, et où Justinien s'élève contre le
principe ancien qui punissait, dit-il, les enfants innocents[1] au lieu des parents coupables, on restera con-
vaincu que l'exclusion de l'enfant incestueux n'est pas
le but, mais l'effet simplement de la déchéance que pro-
noncent ces lois, que ce qui l'empêche notamment de
succéder à sa mère, ce n'est pas une incapacité de son
chef, mais la confiscation qui frappe la fortune de sa
mère au préjudice non-seulement de cet enfant, mais
de tous héritiers, testamentaires ou *ab intestat*, autres
que les enfants légitimes. (Nov. 12, 1.)

Cette conséquence, qui n'est pour l'enfant incestueux
d'aucune utilité directe, est néanmoins bonne à noter. Elle
jette du jour sur l'esprit de la loi romaine ; elle montre
que l'exclusion de cet enfant n'est pas intentionnelle,
mais fatale ; elle empêche les extensions qu'on en voudrait faire à l'égard des enfants placés dans des cas d'illé-
galité analogues. Ici se présente la question des enfants
adultérins. L'opinion générale est que Justinien les com-
prit dans la mesure d'exclusion absolue dont il frappa
les enfants de l'inceste ; peut-être est-ce faute d'avoir

---

1. En les privant du droit de succéder à leur *père, privant rebus patris :
loc. cit., præf.*

analysé le caractère particulier de cette exclusion qu'on a été amené à une extension inadmissible, et qui, d'ailleurs, entraîne à d'autres extensions que l'analogie même ne justifie plus. Puisque le législateur déplore lui-même l'impossibilité où il se trouve de punir l'inceste, sans frapper en même temps les enfants qui en sont issus, il est clair que, vis-à-vis de la mère au moins, leur exclusion n'est qu'une conséquence de la peine qui la frappe dans ses biens. Or la confiscation n'est pas portée pour le crime d'adultère ou de bigamie ; c'est une mesure pénale, et qui doit comme telle être interprétée restrictivement; or, la cause absente, l'effet ne peut se produire ; puisque cette peine rigoureuse ne frappe pas la mère adultère, les droits de son enfant sur sa succession demeurent entiers. On nous opposera peut-être la généralité des termes employés par les lois citées tout à l'heure, la Nov. 89, 15, qui parle de mariages *aut nefariis, aut incestis, aut damnatis,* la Nov. 74, 6, qui frappe les enfants nés *ex odiibus nobis et propterea prohibitis nuptiis.* La généralité qu'on invoque ne nous paraît pas réelle ; tous ces termes désignent uniquement le mariage incestueux; on sait, en effet, quels étaient ces mariages *odieux* à l'empereur, et qu'en raison de cette haine, *propterea,* il avait sévèrement prohibés. Le premier texte n'est pas plus embarrassant; les *aut, aut* sont pris conjonctivement; les épithètes indignées *nefariis, incestis, damnatis,* ne servent toutes qu'à caractériser et à flétrir les *nuptiæ incestæ,* objet unique des rigueurs exceptionnelles de Justinien, et ce qui la prouve c'est la Nov. 12, 1, qui n'a en vue, et cette fois sans conteste, que les

mariages incestueux, et qui leur applique précisément
ces mêmes expressions.... *si quis illicitas et contrarias
naturæ (quæ lex* nefandas *et* incestas *et* damnatas *vocat)
contraxerit nuptias*[1]... Nous croyons donc pouvoir affirmer que, sous Justinien comme avant lui, les enfants
nés de l'adultère ou de la bigamie eurent sur la succession maternelle les mêmes droits que les autres enfants, et que l'anathème justinianéen ne les concerne
pas. Où s'arrêterait-on, d'ailleurs, une fois lancé sur la
pente de l'extension? L'union adultérine, dit-on, est
défendue ; c'est à elle que la loi songe quand elle dit
damnatæ nuptiæ ; donc, point de succession, même maternelle, pour les enfants adultérins. Mais il y a encore
bien d'autres mariages défendus, et, si dans les uns la
gravité de l'infraction peut faire supposer (c. 45, C. 1, 3,
De episc. et cler.) une similitude dans la répression, il
en est d'autres où la seule sanction de la prohibition est
la nullité du lien contracté au mépris des lois, et où
l'interdiction du droit de succéder à la mère ne trouve
évidemment pas d'application. D'ailleurs, si l'exclusion
des enfants n'est pas prouvée dans les mariages qui sont
des crimes, le mariage des clercs, le mariage du ravisseur et de la fille enlevée[2], elle est moins prouvée en-

---

1. *Hæc novella* nuptias naturæ contrarias *promiscuè appellat* incestas,
nefarias, damnatas, uno facinore notato variis appellationibus. Cujas,
ad Nov. 12.

2. Quant au mariage des *clercs*, la Const. 45, C. 1, 3, déclare leurs
enfants indignes *genitorum successionis*, ce qu'il faut traduire par *succession
des pères*, car le texte ajoute *neque hi* (pueri) *neque horum matres*, ce
qui suppose que ces enfants n'étaient exclus que de la succession paternelle.
Quant au mariage du ravisseur et de la fille enlevée, il est sévèrement puni

core et ne saurait l'être dans les mariages défendus pour
des motifs d'ordre secondaire, tels que le mariage entre
le tuteur et sa pupille avant la reddition des comptes,
le mariage entre le gouverneur d'une province et une
femme de son gouvernement. Il n'est pas possible de
voir dans ces unions, bien que prohibées, les *nuptiæ
nefariæ damnatæque*, les mariages exécrés et maudits,
punis de la confiscation et de l'exil.

Il nous semble démontré à présent que la seule exception apportée par Justinien au principe de successibilité
des enfants illégitimes à l'égard de leur mère est l'exception qu'établissent la Const., 6, *C. de incestis nuptiis*, et
la Nov. 12, 1, combinées avec la Nov. 89, 15, et la
Nov. 74, 6, et qu'elle ne concerne que les enfants nés
d'un mariage contracté au degré prohibé. Nous avons
tâché de démontrer que cette exception n'était susceptible
d'aucune extension; il en est une, cependant, qui
doit être admise selon nous. Les textes ne statuent expressément que sur les *mariages* incestueux. Nous pensons que, lorsque le concubinat porte ce caractère, leurs
dispositions doivent lui être appliquées, comme au mariage. Que poursuit la loi? l'inceste; comment le prouver?
Le mariage est-il la seule constatation juridique du crime?
Évidemment non; le concubinat en est une preuve tout
aussi certaine, et ce qui nous confirme d'ailleurs dans
notre opinion, c'est que la Nov. 89, 15 refuse aux en-

par la Nov. 143; il ressort des dispositions de cette Novelle que les biens du
ravisseur étaient attribués aux parents non consentants de la jeune fille, ou,
à leur défaut, au fisc; et par suite enlevés aux enfants de son mariage; mais
il n'en ressort pas que la même exclusion les atteignît à l'égard de leur mère.

fants incestueux non-seulement le titre d'enfants légitimes, mais le titre de *liberi naturales; iste neque naturalis nominatur, neque alendus est a parentibus*; par conséquent, le concubinat entaché de ce caractère criminel, non-seulement ne confère plus aux enfants qui en sont issus les droits d'enfants naturels sur la succession du père, mais encore, en constatant le crime, les flétrit comme eût fait le mariage, et les fait tomber sous le coup de l'interdiction absolue du droit de succession, tant à l'égard de la mère qu'à l'égard du père.

b) Droit spécial. (**Mater illustris.**)

La Const. 5, C. 6, 57 (*ad senatc. Orph.*) déjà citée, porte une dérogation spéciale au principe de successibilité des *spurii* à l'égard de leur mère. Quand la mère appartient à la classe des Illustres, et qu'outre ses enfants illégitimes elle laisse des enfants légitimes, les *spurii*, aux termes de cette loi, n'ont droit à aucune partie de son patrimoine et n'en peuvent rien recevoir : *neque ex testamento, neque ab intestato, neque ex liberalitate inter vivos habita.* Le titre d'illustre était attaché aux *majores dignitates*, telles que celles de préfet du prétoire, *præfectus urbi, magister militum;* les dispositions spéciales de notre loi s'exerceraient donc dans un champ très-resserré, si la qualification d'illustre était prise dans sa signification stricte. Mais les termes de la Const. 5 laissent supposer que ce titre a une portée plus étendue; il est honteux, dit Justinien, qu'on puisse attribuer des *spurii* à des femmes *ingénues* et illustres, *mulieribus in-*

genuis et illustribus; et plus loin, pour faire comprendre que c'est le *stuprum* et non le concubinat qu'il entend ainsi proscrire : *sin autem concubina, liberæ conditionis constituta filium vel filiam ex licita consuetudine ab homine libero habita procreaverit, eos, etiam cum legitimis liberis ad materna venire bona.....* Le *sin autem* marque suffisamment l'opposition entre la mère du *spurius* et la concubine; ce qui est commun aux deux hypothèses, c'est la qualité, le rang de la femme. Il faudrait conclure de là que la Const. 5 s'appliquait non-seulement aux Illustres dans le sens étroit du mot, mais à toute femme de condition libre. Cette conclusion nous paraît encore trop absolue; la vérité doit être là entre les deux extrêmes; il est probable que le titre d'illustre, comme toute distinction de cette nature, avait fini par s'étendre; jusqu'à quel point, c'est ce que nous ne tenterons pas de décider ici.

Le texte cité en dernier lieu montre que l'exclusion, toute relative du reste, que prononce la Const. 5, ne frappe que les *spurii* et non les *liberi naturales*, que le rang de leur mère n'empêche pas de lui succéder comme à toute autre femme. Elle ne concerne que les enfants sans père, les *vulgo quæsiti*. Exclusion d'ailleurs relative, avons-nous dit, car si la mère illustre n'a pas laissé d'enfants légitimes, l'interdiction est levée; la présence d'enfants légitimes est la condition formelle de l'exclusion; si cette condition manque, les *spurii* rentrent dans le Droit commun.

§. 2.

Succession testamentaire.

Tous les enfants sans distinction ayant des droits égaux sur la succession de leur mère, aucun ne pouvant s'arroger un titre légalement supérieur, il s'ensuit que la mère peut, soit entre vifs, soit par testament, donner même à ses *spurii* tout ce qu'elle pourrait donner à un étranger. En faisant la part des deux exceptions que nous avons développées tout à l'heure, celle des enfants incestueux et celle des *spurii* de la *mater illustris*, qui ne peuvent pas plus recevoir qu'hériter *ab intestat*, on peut hardiment trancher la question par cet aphorisme : Tous les enfants sont des enfants légitimes de mère[1]. Ils peuvent donc être avantagés les uns au préjudice des autres, sauf atteinte à la légitime et sauf, bien entendu, la *collatio*, ou rapport des dons entre vifs, qu'ils se doivent de la même manière que s'ils étaient tous légitimes, et à laquelle, depuis la promulgation de la Novelle 18 (c. 6), ils ne peuvent se soustraire qu'en rapportant une dispense expresse de la mère donatrice.

Leurs droits contre le testament de la mère sont semblables encore à ceux des enfants légitimes. La loi 29, ou Dig. 5, 2 (*de inoffic. testam.*), §. 1, citée déja plusieurs fois, porte textuellement que les *spurii* peuvent

---

1. Non pas dans le sens strictement romain, il est vrai ; car il serait plus juste de dire : tous les enfants sont des enfants naturels pour la mère. Nous maintenons cependant la proposition énoncée au texte, afin d'exprimer que cette égalité est non pas défavorable, mais au contraire avantageuse.

attaquer le testament de la mère par la plainte d'inofficiosité : *de inofficioso matris testamento spurii quoque
dicere possunt.* Aucun texte postérieur ne vient démentir
cette disposition qui, du reste, est parfaitement conforme
à l'esprit de la loi romaine, et dont la teneur, même en
l'absence du texte, pourrait s'induire logiquement de
l'ensemble des dispositions sur les enfants naturels. Leur
légitime, comme leur part *ab intestat*, comme leur faculté
de recevoir par testament, est entièrement semblable à
celle des enfants légitimes, et s'exerce de la même manière.

CHAPITRE III.

Droits de l'enfant naturel dans la succession des cognats.

§. 1.

Succession des frères et sœurs.

Nous avons vu l'enfant illégitime dans la succession
paternelle et dans la succession maternelle; dans la première, héritier pour une part minime et par humanité,
héritier par l'aumône de la loi; dans la seconde, héritier
pour sa part virile, héritier aussi complet que l'enfant des
justœ nuptiœ. Il n'a qu'un titre vis-à-vis de son père,
la loi; vis-à-vis de sa mère, il en a deux, la loi et la nature. La maternité, le préteur aidant, a subjugué le droit;
la nature est légalisée.

Ce contraste, si profondément romain, suit l'enfant
naturel dans ses autres relations de famille avec un caractère encore plus absolu. Du côté paternel il n'a point de

parents ; ses frères consanguins, mais fils d'une mère
légitime ou fils même d'une autre concubine, ne sont
pas ses frères, ils ne succèdent pas les uns aux autres ;
aucun droit non plus sur la succession des ascendants ou
des collatéraux paternels; du côté paternel, il a le père,
et voilà tout. Du côté de sa mère il a une famille. Il
hérite de ses frères germains ou utérins par droit de
cognation; il succède même aux ascendants et aux collatéraux de sa mère. Le Digeste 38, 8 (*unde cognati*), consacre formellement cette successibilité. *Si spurius,* dit
Ulpien, *intestato decesserit, jure consanguinitatis aut
adgnationis hereditas ejus ad nullum pertinet : quia consanguinitatis itemque adgnationis jura a patre oriuntur;
proximitatis autem nomine mater ejus aut frater eadem matre
natus, bonorum possessionem ejus ex Edicto petere potest*
(L. 4 *hoc tit.*); et la loi 2 du même titre : *Itaque etiam
vulgo quæsiti liberi matris, et mater talium liberorum,
item ipsi frater inter se, ex hac parte bonorum possessionem petere possunt, quia sunt invicem sibi cognati.*

Il n'y a aucune distinction à faire entre les enfants
légitimes, les *liberi naturales,* les *spurii;* tous ceux qui
héritent de leur mère sont héritiers, *jure cognationis,* de
tous les enfants de leur mère; un *spurius* hérite des enfants légitimes, des *liberi naturales,* et réciproquement,
car ils ont tous le même titre, *idem uterus, sanguinis
ratio.*

Cette identité absolue, hâtons-nous de le dire, n'existe
qu'*in thesi* et quant à la capacité de succéder; mais pour
être appelé à la *bonorum possessio* d'un frère légitime, il
faut d'autres conditions que pour venir à celle d'un frère

naturel. Le premier a une famille civile, et tant qu'il laissera des agnats, les cognats seront exclus (Inst. III, 5, pr.). Quand l'ordre des cognats est appelé à la succession, le frère naturel, se trouvant au second degré, hérite *proximitatis nomine*; mais on ne peut lui étendre la disposition de la *lex Anastasia* (Inst. III, 5, §.1er), qui classe les frères émancipés au rang qu'ils auraient occupé, s'ils n'avaient pas perdu l'agnation; ces frères émancipés, quoique non agnats, excluent le frère naturel. Dans la succession du frère illégitime, le seul ordre, à défaut de descendants, dont la vocation soit possible, est l'ordre des cognats, que le *de cujus* soit *vulgo conceptus* ou *liber naturalis*, car le concubinat ne fonde pas l'agnation. Il faut faire cependant une distinction, mais d'une autre nature : s'il s'agit de la succession d'une sœur naturelle, le frère sera exclu non-seulement par les enfants nés *ex justis nuptiis*, mais par tous les enfants sans distinction; s'il s'agit d'un frère mort sans descendants légitimes, ses frères seront appelés à la possession de ses biens, sauf la part *ab intestat* que pourront réclamer les *liberi naturales* du *de cujus*. Si le père naturel a survécu, il prendra la part que l'enfant naturel eût prise lui-même dans la succession *ab intestat*, c'est-à-dire deux onces. Si la mère naturelle a survécu, la part pour laquelle elle exclut les frères naturels du défunt dépend du sexe de ceux-ci; en concours avec des frères et sœurs, elle prend une part virile, *in capita distribuatur hereditas*; en concours avec des sœurs seulement, elle prend la moitié de l'hérédité et l'autre moitié est déférée aux sœurs. (Const. 7 pr.; C. 6, 56, *ad senatc. Tertull.*)

§. 2.

Succession des ascendants et autres parents maternels.

L'enfant naturel succède à ses ascendants et collatéraux
maternels par suite du même principe qui le fit admettre
à la succession de sa mère et de ses frères. Cognat de
ses frères par sa mère, il est également cognat du père
de sa mère, de l'oncle, du cousin de sa mère, et, en
général, des ascendants et collatéraux maternels. Quand
l'ordre de cognation est appelé à la succession d'une de
ces personnes, l'enfant naturel est par là même appelé,
si toutefois il se trouve au degré le plus proche. La
Loi 8, Dig. 38, 8 *(unde cognati)*, donne un exemple de
cette règle : *Modestinus respondit, non ideo minus ad aviæ
maternæ bona ab intestato nepotes admitti, quod vulgo
quæsiti proponuntur.* Ce que Modestinus dit de l'aïeule
maternelle, il faut le dire également de l'aïeul et des
ascendants maternels en général ; *eadem ratio est.* La
cognation enfin, de l'avis de tous, exerce encore ses effets
dans la succession des collatéraux maternels ; seulement
il faut appliquer ici la disposition du §. 1ᵉʳ des Inst. III,
5, qui ne donne la possession de biens que jusqu'au
sixième degré de cognation, et exceptionnellement *ex
septimo, a sobrino sobrinaque nato natæve.* Ce droit de
succession s'exerce non-seulement quand le défunt est
mort *intestat,* mais aussi *contra tabulas testamenti,* quand
il s'agit d'un ascendant ; car la légitime appartient d'une
façon générale à la cognation descendante ; cette consé-

quence particulière découle d'ailleurs *a contrario* de la
Const. 12, C. 5, 27 (*de natural. liberis*) qui, en donnant
aux ascendants *paternels* le droit de laisser à leurs petits-
fils naturels une part quelconque de leurs biens, refuse
à ces derniers le pouvoir d'attaquer leur testament et
même le droit de leur succéder *ab intestat*. Les enfants
naturels ont, par conséquent, une légitime à l'égard de
leurs ascendants maternels comme à l'égard de leur mère,
et sont recevables à taxer leur testament d'inofficiosité.

DES DROITS DE SUCCESSION

DE L'ENFANT NATUREL

EN DROIT FRANÇAIS.

INTRODUCTION.

Quand on examine la position de l'enfant naturel aux différentes époques de l'histoire, qu'on le voit se traîner à travers les âges, fils éternellement déshérité, et ne relever la tête que pendant cette minute audacieuse qui s'appelle la Révolution française, la première impression générale est celle d'une grande injustice, d'un passe-droit légal et incessant, dont la durée irrite, dont la légalité révolte. On songe involontairement au paria voyageur de la légende juive; seulement ce n'est pas la mort, c'est la vie que réclame le bâtard, la vie juridique, la vie complète. Les lois lui répondent par la négation des droits de famille, l'exclusion des successions, l'incapacité de tester, l'asservissement, la flétrissure. Si sa condition, avec le temps, s'améliore, la honte persiste, la tache de sa naissance reste indélébile; l'enfant légitime mesure son droit

de vivre à toute la largeur du patrimoine paternel; lui
n'a que le droit de ne pas mourir.

Lorsque ensuite, perdant de vue cette personnalité
douloureuse, on considère dans une perspective plus
lointaine le jeu des institutions sociales; à cette distance
où les contradictions se fondent, où les inégalités dispa-
raissent, où les grandes lois se montrent seules dans toute
la nécessité de leur tyrannie, parmi ces lois essentielles et
protectrices le mariage apparaît comme la plus haute et
la plus inviolable. Sécurité publique, dignité de l'homme
privé, quels titres sont plus larges et plus dignes du respect des hommes? Et sans parler de son influence politique, quelle triomphante apologie ne trouve-t-il pas dans
le cœur de l'homme, dans sa nature la plus intime! Il
donne le foyer, il fonde la famille; l'idée sérieuse et sainte
qui a présidé à sa formation, se perpétue après lui, et
couvre encore les enfants qui en sont issus; il assigne un
but, il promet la durée; il crée ce réseau de soins réci-
proques, d'affections, d'intérêts communs qui se centra-
lisent dans le père de famille et vont aboutir aux agnats;
il impose de nouveaux devoirs, et la loi mystérieuse des
compensations fait jaillir de ces devoirs une source de
joies nouvelles, de satisfactions hautes et sérieuses. Et
puisque le mariage nous donne tout, nous lui donnerons
tout aussi : à lui la protection, la force, la liberté; puisque lui seul a l'idée, lui seul aura la vie; le caprice fera
encore des hommes, la règle seule donnera des citoyens
à l'État, des héritiers à la famille. Cette règle est éternellement vraie, éternellement féconde; le mariage n'est pas
une serre chaude où croissent des plantes difficiles; c'est

le champ fertilisé par les sueurs, marqué à sa limite de
la pierre sacrée, couvert d'épis vigoureux dont l'œil
suit la croissance avec amour et crainte; de quel droit
réclamerait-il les soins du laboureur, ce rejeton sauvage
né au hasard sur un terrain vague de la graine qu'a laissé
tomber l'oiseau de passage?

Voilà les deux points de vue extrêmes. L'individua-
lisme, le préteur, la convention nationale; le régularisme,
Rome ancienne et Rome canonique. Tous deux ont eu
leur moment de triomphe, leur règne absolu, né de
commotions sociales. L'empire des Césars tombe; la Gaule
romaine se transforme en France coutumière, le bâtard est
déchu, déclaré main-mortable, incapable de tester et de
succéder. La féodalité croule, 89 surgit; il n'y a plus de bâtards; tous les enfants du même père ont des droits égaux.

Cet antagonisme qui est au fond de la question n'est
donc pas seulement le résultat d'une analyse abstraite;
l'histoire de la France féodale et de la France révolutionnaire nous le montre décomposé réellement en ses éléments irréductibles, l'exclusion absolue des bâtards, leur
successibilité absolue. Cette opposition, si violente sous sa
forme historique, se tempère et trouve une sorte d'équilibre dans les deux grandes législations de l'Europe, le
Droit romain et le Code Napoléon. Les époques de foi
vive ont une grandeur, l'unité; un malheur, la violence;
absolutisme religieux ou dogmatisme démocratique, elles
ont ceci d'utile pour l'historien qu'elles sculptent au vif et
successivement les faces simples d'une idée complexe. Les
époques mixtes, les temps de civilisation sceptique, ré-
sument les contrastes, concilient les extrêmes, accouplent

les contradictions; les principes qui s'excluent en logique
se dressent côte à côte dans leur législation, et quelque
sérieuse que soit l'intention modératrice, la critique y
retrouve toujours le dualisme dans l'unité, l'antinomie
sous la pondération. Le Droit de Justinien a pour les
enfants naturels des paroles de haine à côté de paroles
de pitié et de justice. Le Code Napoléon dit : les enfants
naturels ne sont point héritiers, et immédiatement après
il leur donne à titre de succession le tiers, la moitié,
la totalité de leur part légitime. La trace de l'antinomie
est restée trop visible peut-être; les idées contraires que
le législateur a voulu combiner, ne sont que rapprochées
et semblent tendre de toute leur force logique à se séparer violemment. C'était un problème de statique juridique à résoudre; on laissa au-dessus du point sur lequel
pivote le système un poids trop grand d'idées anciennes
et contradictoires; l'équilibre auquel il arrive est un équilibre instable. C'est là la cause principale de la divergence
des interprétations, de celles surtout qui suivirent de
près la promulgation du Code. L'exclusion avait ses arguments de texte comme la successibilité; il semblait que
la loi eût pris sur ce sujet, pour double épigraphe les
deux sentences connues : *in dubio contra liberos naturales;
in dubio pro liberis naturalibus*.

Quoique ces observations portent un peu aussi sur le
fond du Droit, elles sont surtout une critique de forme,
et nous la verrons reparaître plus loin en termes plus
précis. Ces réserves faites, il est impossible de méconnaître dans la loi un esprit d'équité et de modération,
une combinaison de principes, dont le logicien pur peut

se défier, mais qui satisfait le juriste, dans ses résultats généraux au moins, et qui, tout en portant l'empreinte des législations précédentes, concilie souvent avec bonheur ce que chacune d'elles, sous une forme exclusive, avait de vrai et d'immuable.

Exposons en traits rapides les principes du Droit coutumier sur la matière et les changements profonds qu'ils subirent à l'époque révolutionnaire. Cet exposé historique de la question expliquera et commentera d'avance notre Droit moderne, qui, analogue au Droit romain au point de vue de l'équité générale, en diffère profondément quant aux principes, et puise toute son essence à ces deux sources exclusivement françaises, le Droit coutumier et la Révolution.

L'ère barbare de la France ne nous a guère laissé de monuments juridiques sur les enfants naturels. Les bâtards des princes héritaient de leurs pères comme les enfants légitimes ; ce qu'ils étaient dans les rangs inférieurs de la société, nous ne pouvons guère le déterminer ; mais à mesure que la féodalité s'implanta plus énergiquement, la condition des bâtards devint plus misérable. Les bâtards nobles restèrent nobles , mais n'héritèrent plus ; les autres furent assimilés aux serfs, déclarés mainmortables et incapables de succéder ni de tester ; leurs biens appartinrent par droit de mainmorte à leurs seigneurs, et plus tard à la couronne, par droit de déshérence. On trouve la preuve de ces faits dans les Établissements de S. Louis ainsi que dans plusieurs Coutumes (Coutume de Beauvoisis, art. 45 ; Coutume d'Anjou, art. 41 ; Coutume de Normandie, art. 147).

Nous sommes bien loin des *liberi naturales* du Droit romain; le concubinage, proscrit par le Droit canonique, a perdu tout caractère légal; et cependant, soit vestige des lois romaines, soit coïncidence rationnelle, les enfants naturels ne sont pas confondus par toutes les Coutumes dans la même classe uniformément dégradée. L'idée fondamentale du concubinat exerce même ici son influence. Les Coutumes de Bretagne et de Valenciennes témoignent, que la distinction entre les enfants nés *ex soluto et soluta* et ceux nés d'une union criminelle, n'était pas inconnue[1]; elles permettent aux bâtards de tester jusqu'à concurrence d'une certaine partie de leurs biens, mais elles restreignent par le fait cette faculté aux bâtards simples, auxenfants nés *ex soluto et soluta;* car elles la dénient expressément aux avoutres *(adulterini)* et *autres illegitimes.* (Bretagne, art. 477; Valenciennes, art. 122.)

Le bâtard ne succède pas, telle est la règle générale. Quant à la succession du père, aucune exception n'a lieu. Les seules exceptions à ce principe, d'après le chancelier d'Aguesseau *(loc. cit.),* sont relatives à la succession de la mère et des parents maternels; que plusieurs Coutumes accordent aux bâtards, à la succession de ses descendants légitimes que toutes les Coutumes admettent, soit expressément, soit virtuellement, enfin à la succession entre époux, introduite par imitation de la succession romaine *unde vir et uxor* et appliquée aux bâtards par les docteurs et les arrêts. De ces exceptions, la première seule est caractéristique et limitative de la règle. Parmi les Coutumes qui s'établissent, les unes, telle que la Coutume

---

1. D'Aguesseau, VII, pages 423 et suiv.

de Valenciennes et celle d'Aleu, consacrent, d'une manière absolue, le principe, qu'il n'y a pas de bâtard par mère; les bâtards viennent à la succession maternelle, même en concours avec des enfants légitimes, et y prennent leur portion virile. (Aleu, tit. 1, ch. 8; Valenciennes, art. 121.) Les parents maternels héritent du bâtard, et il faut conclure, par réciprocité, que le bâtard hérite d'eux. Dans d'autres Coutumes (Aire 1, 9), le bâtard ne venait à la succession maternelle qu'à défaut d'enfants légitimes; d'autres encore, sans s'expliquer sur le concours éventuel d'enfants légitimes, se bornent à déclarer le bâtard successible à l'égard de sa mère (Saint-Omer en Artois, 1, 21; Théroanne, 1, 4). Sauf ces Coutumes, dont la dérogation au Droit commun était telle qu'on en contesta toujours la force légale même dans l'étendue de leur territoire, la règle suivie partout était l'exclusion des bâtards de toute succession autre que celle de ses descendants et de son conjoint. On peut citer comme portant ce caractère absolu d'exclusion les Coutumes de Paris, art. 158, de Melun, art. 297 et 301, d'Auxerre, art. 34, de Sens, art. 31, d'Estampes, art. 128, de Valois, art. 91, d'Artois, art. 150, de Nivernois, c. 34, 22, de Bourgogne, 8, 3, d'Auvergne, 11, 10, de Poitou, 297, de Bretagne, 476, etc.

La capacité de recevoir ne se modelait pas entièrement sur celle de succéder, car on la trouve plus ou moins largement attribuée à l'enfant naturel dans les coutumes mêmes qui l'éloignaient des successions *ab intestat*; le bâtard n'héritait jamais de son père, mais il pouvait en recevoir des libéralités. Melun par exemple, tout en le

déclarant complétement insuccessible, lui permet de jouir
des libéralités paternelles, *pourvu que le don ne soit pas
immodéré et immense* (Melun, art. 297). Les coutumes
d'Anjou et du Maine le déclarent incapable de recevoir
par testament, mais permettent de le gratifier de dons
entre vifs, en considération, sans doute, de ce que la
nécessité, pour le père, de se dessaisir immédiatement
était une garantie suffisante contre la possibilité d'avantages excessifs. Cependant ici aussi l'exclusion est la règle;
d'après le Droit commun de la France, les bâtards ne
pouvaient recevoir ni donations ni legs à titre universel,
mais on pouvait leur donner à titre particulier, et même
des immeubles (Pothier, Introd. à la Cout. d'Orléans,
tit. XV, n° 14). *Hereditatem,* dit Dumoulin, en parlant
du bâtard, *adire non potest, sed non est incapax donationis
vel legati particularis non in fraudem.* (Sur l'art. 12 de la
Cout. du Nivern.)

En faisant la part des rares exceptions que nous venons
de signaler, on peut donc caractériser toute l'époque
coutumière jusqu'à la Révolution comme absolument
négative de droits pour le bâtard. La Révolution, en
remplaçant cette négation par une affirmation tout aussi
absolue, ne fit qu'obéir à la logique de l'histoire. Les
extrêmes s'appellent ; les fluctuations d'une idée sociale
semblent suivre la loi physique du pendule : plus il
s'écartait de la ligne d'équilibre au point de départ, plus
il s'en éloigne en sens inverse. Oscillation perpétuelle
entre le Droit social et l'équité individuelle, voilà l'histoire de l'enfant illégitime.

Les lois et décrets de la République qui s'occupent des

enfants naturels sont les suivants : le décret du 4 juin 1793, celui du 31 juillet suivant, celui du 12 brumaire an II, la loi du 25 nivose an III, celle du 3 vendémiaire an IV, celle du 26 du même mois, celle du 15 thermidor an IV, celle du 12 ventose an V, celle du 2 ventose an VI, et, après la promulgation du titre des successions du Code civil, la loi transitoire du 14 floréal an XI.

Nous n'exposerons pas dans leurs détails toutes les dispositions de ces lois, ni les mille difficultés auxquelles elles donnèrent naissance. Ce serait certes une étude intéressante, que celle d'une législation peut-être unique dans l'histoire, mais cette étude serait à elle seule un livre. Nous nous bornerons à faire ressortir ceux de ses principes qui, en abolissant le passé, préparent la législation future, modératrice savante des idées anciennes et des idées nouvelles.

La successibilité des enfants nés hors mariage fut proclamée en principe par le décret de la Convention du 4 juin 1793. La loi du 12 brumaire an II vint déterminer les droits des enfants naturels; elle effaça toute distinction entre eux et les enfants légitimes. Leurs droits de succession furent égaux à ceux des enfants légitimes, tant en ligne directe qu'en ligne collatérale (art. II, IX, *in fine*), avec cette distinction toute transitoire qu'en ligne directe ils auraient droit aux successions ouvertes depuis le 14 juillet 1789 (art. I), mais qu'en ligne collatérale ils n'auraient droit qu'aux successions ouvertes depuis la loi même du 12 brumaire an II. Des dispositions nombreuses réglaient et aplanissaient les conflits qui ne pouvaient manquer de s'élever entre les anciens possesseurs et les nouveaux héritiers. Les enfants adultérins, sans être héritiers, recevaient, à titre d'aliments, le tiers de la portion qu'ils eussent prise comme enfants légitimes. Les enfants nés hors mariage de personnes mariées mais séparées de corps, ou seulement en instance pour se faire séparer, n'étaient pas considérés comme adultérins et venaient à la succession comme les autres enfants (Art. XIII et XIV); la loi ne parlait pas des enfants incestueux. Dans les successions ouvertes dans l'intervalle du 14 juillet 1789 à la promulgation future du Code civil, la filiation pouvait être prouvée tant à l'égard du père qu'à l'égard de la mère par des écrits émanés d'eux, ou par une suite de soins donnés à titre de paternité ou de maternité et sans interruption (art. VIII). La loi renvoyait au Code la fixation de l'état et des droits des enfants naturels quant aux successions ouvertes à partir de la promulgation du Code. Les lois suivantes n'eurent presque pour objet que la rétroactivité établie par l'art. 1 de la loi de brumaire. La loi du 3 vendémiaire an IV abolit cet effet rétroactif (art. XIII); celle du 26 vendémiaire le rétablit provisoirement; celle du 15 thermidor, même année, l'abolit définitivement. Les autres lois citées plus haut, décisions du Conseil des Cinq-Cents, arrêtés du Directoire, s'efforcèrent de mettre un peu de lumière dans ce chaos de dispositions contradictoires, d'ambiguités, de lacunes, mais elles contribuèrent elles-mêmes à augmenter la confusion. Enfin, le titre des successions (livre III, tit. I du Code) fut promulgué. Mais la lacune laissée par la loi de brumaire existait encore; la loi du 12 floréal an XI vint la combler. L'état et les droits des enfants nés hors mariage, dont les père et mère étaient morts depuis la promulgation de la loi du 12 brumaire an II jusqu'à la promulgation des titres du Code sur la paternité et la filiation et sur les successions, furent soumis aux prescriptions de ces titres; mais les libéralités entre vifs ou testamentaires, antérieures à la promulgation de ces titres, durent recevoir leur exécution, sauf réduction à la quotité disponible. Ces dispositions transitoires ne peuvent plus avoir d'intérêt aujourd'hui et nous n'insisterons pas davantage sur ce sujet.

Malgré le cachet transitoire de toute cette législation, malgré son hésitation et ses obscurités, un caractère bien tranché lui demeure, l'égalité absolue des enfants, la successibilité déclarée indistinctement pareille pour l'enfant légitime et pour l'enfant naturel. La discussion au Conseil d'État et les rapports des tribuns indiquent que l'esprit public, tout en réprouvant cette égalité de droits absolue, condamnait comme inhumaine, et même irrationnelle, l'exclusion passée en règle dans la législation ancienne. La législation nouvelle fut un compromis entre le droit coutumier et le droit récent de la Révolution. Quelque critique que soulèvent plusieurs de ses dispositions, il faut avouer que si ce grave problème peut recevoir une de ces demi-solutions, qui ne sont ni tout à fait politiques, ni tout à fait équitables, le Code Napoléon a, en thèse générale, atteint ce but, et que si, dans la voie de l'équité naturelle, il est en retour sur les lois de la Convention nationale, il est en avance sur les siècles précédents; de quoi l'on peut s'applaudir sans réserve. Quand après une seconde Révolution, il reste quelque chose de la première, cet excédant c'est le progrès.

PREMIÈRE PARTIE.

DES ENFANTS NATURELS QUANT AU DROIT DE SUCCESSION.

I. }

GÉNÉRALITÉS.

L'enfant naturel ou illégitime, dans notre législation, est l'enfant né de deux personnes non unies entre elles par les liens du mariage ou qu'unissait un mariage déclaré nul et non-putatif. L'enfant naturel peut être légitimé par le mariage subséquent de ses père et mère, quand il a été reconnu par eux volontairement ou forcément, mais seulement dans le cas où la reconnaissance volontaire était légalement possible.

L'enfant illégitime est enfant naturel (simple), quand il n'est ni incestueux ni adultérin.

L'enfant incestueux est celui dont les père et mère étaient parents au degré où la loi prohibe le mariage. Cet état est absolu, car l'enfant ne peut être incestueux vis-à-vis de l'un de ses père et mère sans l'être aussi à l'égard de l'autre.

L'enfant adultérin est celui dont les père et mère ne pouvaient s'unir à l'époque de sa conception, à raison de l'existence d'un premier mariage. Cet état peut être relatif, en ce sens que l'enfant n'est adultérin qu'à l'égard de celui de ses père et mère qui s'était rendu coupable d'adultère. Vis-à-vis de l'autre il ne déchoit d'aucun des droits que la loi accorde à l'enfant naturel proprement dit.

Toute recherche de maternité et de paternité dont le résultat serait de faire reconnaître une filiation adultérine ou incestueuse, est interdite. Toute reconnaissance volontaire tendant au même résultat est nulle. Ce n'est que dans des hypothèses exceptionnelles et par la force des choses qu'une pareille filiation peut se trouver constatée et faire naître les rapports juridiques qu'établit la loi entre ces enfants et leurs parents.

L'enfant naturel proprement dit a en principe le droit de forcer ses parents à le reconnaître ; mais ce droit, subordonné à la nécessité de certaines preuves, se trouve notamment si restreint quant à la filiation paternelle, par l'interdiction de tous moyens de preuve, que le contraire a été érigé en règle, et que le législateur a cru devoir interdire en général (art. 340) la recherche de la paternité, excepté dans le cas d'enlèvement et quand l'époque présumable de la conception coïncide avec celle de la séquestration de la mère.

De la reconnaissance soit volontaire, soit judiciaire, découlent tous les droits de l'enfant naturel, et notamment les droits successifs qui font l'objet de cette étude.

II.

QUELS ENFANTS NATURELS SONT APPELÉS A SUCCÉDER.

La loi du 12 brumaire an II, poussant à l'extrême l'application des principes d'équité naturelle, avait effacé toutes les différences qui séparaient l'enfant légitime de l'enfant naturel. Les rédacteurs du Code, réagissant eux-mêmes contre cette réaction, rétablirent l'antique distinction et crurent avoir concilié les nécessités sociales et les principes naturels, en donnant aux enfants illégitimes, non la dignité, mais un diminutif, en quelque sorte, des droits de l'héritier légitime. L'enfant naturel n'entra pas dans la famille; ses seuls parents furent ceux dont il tenait le jour et ses frères naturels ; aucun lien, aucun droit ne le rattacha à la famille de son père et de sa mère; les aliments, un droit variable sur la succession paternelle ou maternelle, des droits souvent restreints sur la succession de ses frères et sœurs naturels, voilà tout ce que le Code a gardé en sa faveur de la législation qui l'avait précédé.

Pour qu'il jouisse du moindre de ces droits, il est indispensable que l'enfant ait été reconnu, soit volontairement, soit forcément; pour qu'il puisse profiter des droits de succession que la loi lui accorde, deux conditions sont nécessaires, l'une positive, l'autre négative; il faut d'abord que sa filiation, soit paternelle, soit maternelle, ait été légalement constatée: il faut ensuite qu'il n'ait été le fruit ni d'un adultère, ni d'un inceste.

Fidèle aux principes qu'il avait adoptés, le Code devait traiter plus défavorablement encore que ceux dont la naissance ne blessait que théoriquement l'institution du mariage, les enfants procréés par deux personnes dont l'union légitime était impossible, soit qu'il existât un lien conjugal antérieur, soit que le père et la mère fussent parents à un degré où la loi prohibe le mariage. Ce n'est plus, effectivement, comme dans le cas des enfants naturels simples, une atteinte abstraite et impunissable à l'idée générale du mariage, c'est une violation flagrante des lois prohibitives qui en protégent la sainteté; c'est, de plus, dans le cas d'adultère, une lésion réelle et directe du mariage et une infraction prévue par la loi pénale.

Aussi le législateur, craignant surtout dans cette matière le scandale de la publicité, a-t-il, d'une façon absolue, prohibé la reconnaissance volontaire des enfants adultérins ou incestueux. L'art. 335, qui édicte cette défense, n'est contradictoire qu'en apparence avec les art. 762 et 763, qui, en déclarant ces enfants insuccessibles et en leur accordant des aliments, supposent évidemment leur filiation dûment constatée. L'art. 335, en effet, n'a pour but que d'empêcher la reconnaissance volontaire. Mais quand, dans une instance judiciaire, par suite d'une action en désaveu de paternité, d'une inscription de faux contre un acte de l'État civil, d'une action en nullité dirigée contre un mariage incestueux, l'adultère ou l'inceste se trouvent constatés en justice, la conséquence peut en être une reconnaissance forcée, suffisante pour fonder les droits restreints accordés par humanité à l'enfant qui en aura été l'objet.[1]

Ni l'enfant adultérin, ni l'enfant incestueux ne peuvent donc exercer de droits successifs. L'art. 762 est formel et ne leur accorde que des aliments.

Les seuls enfants illégitimes pour lesquels il puisse être question de droits successifs, sont les enfants naturels

---

1. Nous pensons même avec M. Rolland de Villargues qu'une reconnaissance volontaire faite dans les règles n'est pas nulle et de nul effet par cela seul qu'elle se trouvera avoir pour objet un enfant adultérin ou incestueux, et qu'elle suffira pour autoriser ce dernier à intenter une action alimentaire. Rolland de Villargues, Traité des enfants naturels, page 368. En sens contraire : Aubry et Rau, t. IV, §. 572, texte et note 4; Loiseau, page 737.

proprement dits, ceux dont les parents étaient libres de
s'unir, ceux dont la loi permet et favorise la reconnaissance. Quant aux règles de cette reconnaissance, soit
volontaire, soit forcée de l'enfant naturel, nous n'avons
pas à nous en occuper; nous n'examinerons que la condition spéciale d'efficacité d'une reconnaissance d'ailleurs
valablement faite, qu'établit l'art. 337.

Voici le texte de l'article : « La reconnaissance faite
pendant le mariage, par l'un des époux, au profit d'un
enfant naturel qu'il aurait eu, avant son mariage, d'un
autre que de son époux, ne pourra nuire ni à celui-ci,
ni aux enfants nés de ce mariage. Néanmoins elle pro-
duira son effet après la dissolution de ce mariage, s'il
n'en reste pas d'enfants. »

Nous croyons devoir examiner la disposition dont nous
venons de citer le texte, avant d'aborder la question des
droits successifs, parce qu'elle constitue une aggravation
spéciale des conditions que doit réunir l'enfant naturel
pour être investi de ces droits. Remarquons d'abord que
cette disposition n'est pas conçue en termes prohibitifs;
notre article ne dit pas : une pareille reconnaissance faite
pendant le mariage sera nulle; au contraire, en restreignant ses effets dans les circonstances qu'elle indique, il
en consacre par cela même la validité[1]; le père ni la mère
n'ont perdu, en contractant mariage, le droit de recon-

---

[1] La femme mariée qui veut reconnaître un enfant naturel né d'elle avant
son mariage, n'a pas même besoin d'y être autorisée par son mari. Un pareil
acte ne rentre pas dans la catégorie de ceux pour lesquels l'art. 215 soumet
la femme à la formalité de l'autorisation. Rolland de Villargues, 241; Malle-
ville, tome I, page 334; Loiseau, page 413.

naître un enfant qu'ils auraient eu antérieurement; ce droit était en même temps un devoir que tout moment sera bon pour accomplir. Seulement cette reconnaissance ne pourra nuire ni à l'autre époux, ni aux enfants issus du mariage. Le Code n'a pas voulu que les droits sacrés de la famille fussent subordonnés, en partie du moins, à l'éventualité d'une reconnaissance qui eût peut-être empêché le mariage, si elle avait été faite avant sa célébration, ni qu'il dépendît du mauvais vouloir d'un des époux de porter par un aveu intempestif et irrévocable un préjudice certain aux droits assurés par la loi à ses enfants légitimes, aux avantages conférés à l'autre conjoint soit par la loi, soit par son contrat de mariage.

L'enfant naturel dont parle l'art. 337 aura donc tous les droits que la loi attache à une reconnaissance en règle, sauf ceux dont l'exercice léserait les droits que cet article a pour but de protéger. Il ne pourra donc pas user des droits de succession qui lui auraient appartenu sans cette hypothèse, au préjudice de ses frères et sœurs légitimes et du conjoint soit de son père, soit de sa mère; avec cette différence, néanmoins, que, s'il reste au décès de son auteur un ou plusieurs descendants légitimes, ses droits seront complétement nuls, sauf les aliments que les tribunaux croiraient devoir lui attribuer, tandis que s'il est en présence, non de descendants, mais du conjoint survivant, ces mêmes droits seront simplement sujets à réduction, et, fixés d'ailleurs soit à une fraction quelconque par le concours d'héritiers légitimes, soit à la totalité par l'absence complète de successibles, se verront limités par les avantages faits au conjoint survivant. Mais celui-ci, dans cette dernière hypothèse, ne pourrait pas faire repousser la demande de l'enfant naturel et se faire adjuger à lui-même la succession due par l'art. 767, en arguant de la situation exceptionnelle de cet enfant et du temps où sa reconnaissance aurait été faite. L'art. 767 n'attribue les biens de la succession au conjoint survivant qu'en l'absence d'enfants naturels; une extension aussi injustifiable des termes de l'art. 337 aurait pour effet de rendre la position de l'enfant naturel plus fâcheuse en l'absence d'héritiers qu'en présence des successibles même les plus proches, ce qui heurte de front tous les principes de notre législation; et d'ailleurs, le second alinéa de l'art. 337 rendant son effet à cette reconnaissance intempestive pour le cas où il ne resterait pas d'enfants à la dissolution du mariage, aucun doute n'est possible sur cette question.

Il est clair, du reste, que cet alinéa n'entend pas faire dépendre toute validité pour une semblable reconnaissance de l'absence d'enfants légitimes; un argument *a contrario* qu'on voudrait en tirer contre les enfants naturels serait inconciliable, tant avec la lettre qu'avec l'esprit de l'alinéa précédent. L'exception qui ôte toute force à la reconnaissance contre le conjoint et les enfants légitimes, confirme la règle d'efficacité de cette reconnaissance contre toutes autres personnes. L'enfant reconnu pendant le mariage pourra, par exemple, obtenir sa réserve contre des légataires[1] et venir à la succession de ses frères ou sœurs naturels.

---

1. Loiseau, op. cit., page 440.

L'exception portée par l'art. 337 ne s'applique qu'à
l'enfant qu'un seul des époux aurait reconnu. La double
reconnaissance du père et de la mère n'aurait certes pas
pour effet de légitimer l'enfant naturel, puisque nous
la supposons faite pendant le mariage, mais elle con-
férerait à celui-ci tous les droits de l'enfant naturel
légalement reconnu, tant entre chacun des époux et
sur leur succession que contre les enfants légitimes qui
resteraient de cette union. *Quid,* si l'enfant naturel rap-
portait non la double reconnaissance dont nous venons
de parler, mais outre la reconnaissance soit de son père,
soit de sa mère, la preuve du consentement[1] de l'autre
à cet acte? Ce consentement suffirait-il pour rendre
vaine, la disposition de l'art. 337? Ici une distinction
est nécessaire. L'époux consentant aura, à notre avis,
renoncé par cela même à la protection spéciale dont
le couvre notre article. Mais ce consentement ne nuira
qu'à lui seul et ne pourra améliorer la position de l'enfant naturel au préjudice des enfants légitimes. Ce dernier point, je crois, n'est pas susceptible de controverse. Ni le père, ni la mère n'ont qualité pour renoncer,
au nom de leurs enfants, au bénéfice de la loi; et l'on
aurait beau dire qu'en reconnaissant tous deux l'enfant

---

1. Ce cas, sans doute, se présentera rarement, et aucun auteur n'en parle.
Il pourra se faire cependant qu'un conjoint, mal disposé pour sa descendance,
veuille donner à l'enfant naturel que reconnaît son époux les droits que
l'art. 347 lui refuse. Une reconnaissance pareille de sa part remplirait le but;
mais que ce moyen devienne impraticable à raison de l'impossibilité matérielle
ou légale qui viendra contredire soit la vraisemblance, soit l'admissibilité de
cet aveu de paternité ou de maternité, une simple adhésion de sa part à la
reconnaissance faite par l'autre époux enlèvera-t-elle à cette dernière l'ineffi-
cacité relative dont la frappe l'art. 337? C'est la question examinée au texte.

naturel, ils privent également leurs enfants légitimes
du droit de repousser toute action héréditaire intentée
par celui-ci ; les termes ne sont pas les mêmes : autre
chose est un simple consentement auquel rien n'obli-
geait ; autre chose une reconnaissance qui est l'aveu d'un
fait personnel et l'accomplissement d'un devoir moral.
Mais rien n'empêche que le second époux ne renonce,
pour lui seul, en donnant son consentement ou plutôt
son adhésion à la reconnaissance faite par son conjoint,
à s'armer contre l'enfant naturel du bénéfice de l'art. 337.
On pourrait dire, à la vérité, que, comme ces matières
intéressent l'ordre public, il n'est pas au pouvoir des
particuliers d'y déroger, mais le second époux, par son
assentiment, ne portant préjudice qu'à lui-même, cet
assentiment d'ailleurs n'emportant pas renonciation à des
droits successifs, nous pensons que dans ce cas la reconnaissance devrait avoir son plein effet contre celui des
époux dont serait émané cet assentiment.

L'art. 337 doit même être appliqué dans le cas de
mariage putatif, en faveur de l'époux de bonne foi et
des enfants nés de ce mariage. Mais il faudrait se garder
de l'étendre au delà des termes mêmes dans lesquels il
est conçu et se rappeler que les dispositions restrictives
de la loi sont d'interprétation étroite. Ainsi les enfants
d'un premier lit ne pourront pas être admis à l'invoquer, parce qu'ils ne sont pas issus du mariage pendant lequel la reconnaissance aura été faite. De même,
l'art. 337 est inapplicable à une reconnaissance faite après
la dissolution du mariage, qu'il en reste ou non des
descendants légitimes, que l'enfant naturel qui en est

l'objet ait été conçu avant la célébration de ce mariage
ou depuis sa dissolution. Quand bien même la lettre
de l'article, qui ne parle que des reconnaissances faites
pendant le mariage, ne s'opposerait pas à une telle extension, les circonstances seraient trop différentes pour
la permettre. L'époux, en effet, conserve malgré le mariage, le droit de reconnaître un enfant naturel, mais
son premier devoir est de respecter le lien conjugal, et
l'obligation naturelle qui lui incombe d'avouer son enfant
ne peut se remplir qu'à la condition de ne pas léser
les obligations nées du mariage; mais ce mariage une
fois dissous, rien n'empêcherait l'époux devenu libre,
d'épouser celui ou celle dont il avait eu l'enfant avant
son union, et de légitimer ainsi ce dernier. *A fortiori*
pourra-t-il, en le reconnaissant simplement, lui donner
tous les droits que confère la reconnaissance, et dont
l'exercice le plus complet sera encore moins préjudiciable
aux héritiers légitimes que ne le serait une légitimation.[1]

Ajoutons enfin que pour apprécier sainement l'art. 337,
il faut en borner l'application à la reconnaissance volontaire, et qu'une reconnaissance forcée, effectuée pendant
le mariage au profit d'un enfant naturel né avant la célébration, aurait tous les effets d'une reconnaissance faite
en temps normal. M. Loiseau embrasse l'opinion opposée;
sans nous arrêter à discuter sa décision qui repose en
grande partie sur la nécessité de prévenir les procès si-
mulés et le concert frauduleux de l'enfant et de la mère,
par exemple, nous ferons remarquer que le texte de

---

1. Ces motifs ont été exposés très-clairement par M. Pons, avocat général à la Cour de cassation; il a été fait droit à ses conclusions. Civ. rej., 6 janv. 1808.

l'article s'oppose à cette extension comme aux précédentes
et ne parle que de la reconnaissance faite par l'un des
époux [1]. Or comment une reconnaissance imposée à une
personne, la frappant comme une condamnation, pour-
rait-elle être assimilée dans cette hypothèse à une reconnaissance faite par elle ? Il est clair que les motifs qui
ont dicté l'art. 337 pour le cas de reconnaissance volontaire n'existent pas en matière de reconnaissance forcée et
que la loi n'a entendu protéger les personnes dénommées
dans cet article que contre le mauvais vouloir d'un des
époux et non contre un cas de force majeure.

On ne regardera pas comme une disgression inutile les
quelques pages qui précèdent. Nous n'avons pas prétendu
examiner les conditions de validité de la reconnaissance
ni même le temps où elle peut être faite utilement. Ces
questions ne rentraient pas dans notre sujet ; et si nous
nous sommes arrêté à discuter l'art. 337, c'était pour
obéir à un besoin de méthode. Il nous fallait, avant
d'aborder l'examen du droit même que nous nous pro-
posions d'étudier, arriver à l'idée pure du sujet de ce
droit, la dégager des exclusions et des exceptions, limiter
enfin dans sa capacité absolue et au point de vue du
droit de succession la personnalité juridique dont nous
examinons une face.

Nous n'avons pas pour cela vidé toutes les questions
que peut soulever l'art. 337 ; mais il était nécessaire de
développer l'exception qu'il apporte aux principes ren-
fermés dans la loi ; savoir, que le droit de succession

---

1. Toullier, II, 958; Aubry et Rau, IV, 568 *quater*. En sens contraire :
Loiseau, page 437.

ab intestat n'est pas accordé à tous les enfants illégitimes, qu'il n'appartient qu'aux seuls enfants naturels (*sensu stricto*) à l'exclusion des enfants adultérins et incestueux ; que cet enfant naturel doit avoir été reconnu légalement ; que cette reconnaissance enfin peut se faire utilement à quelque époque que ce soit. Ainsi l'enfant conçu, bien que non encore né, peut être reconnu et faire arme de cette reconnaissance contre tous héritiers légitimes [1] ; il peut être reconnu après sa mort, s'il laisse des descendants [2], et cette reconnaissance opérera en faveur de ceux qui auront recueilli sa *personne*, comme dit énergiquement le latin, tous les effets qu'elle aurait produits, si elle avait été faite de son vivant. Ainsi tout moment est bon pour la reconnaissance exigée par l'art. 756, sauf la restriction de l'art. 337 ; nous avons examiné ce dernier article, nous avons vu quand il était applicable et quand il ne l'était plus ; nous savons désor-

---

1. Si l'enfant naturel peut être reconnu avant sa naissance, c'est qu'en théorie la reconnaissance est toujours réputée faite à son avantage, et que l'enfant conçu doit être regardé comme vivant chaque fois qu'il y a intérêt. Loiseau, page 421 ; Aubry et Rau, IV, 568. Presque tous les arrêts, d'ailleurs, sont d'accord sur ce point. Aix, 10 février 1806 et 3 décembre 1807 ; Bruxelles, 12 janvier 1808.

2. Les questions d'état sont au nombre de ces droits qui survivent à la personne, et que, par opposition à ceux qui s'éteignent avec elle, on pourrait presque appeler Droits posthumes, tant il semble que l'homme juridique persiste encore quand l'homme réel a disparu. Là où la loi présume pour le mort un intérêt d'affection, elle le ressuscite pour ainsi dire et le rend capable d'être l'objet d'actes propres aux vivants. Si nous bornons la faculté de reconnaître après la mort au cas où il existe des descendants de l'enfant naturel, c'est que l'art. 332, qui nous fournit par analogie notre principal argument, n'accorde qu'à cette seule condition la faculté de légitimer un enfant décédé. Loiseau, page 444 ; Aubry et Rau, IV, 568. En sens contraire : M. Demolombe, t. V, n° 416.

mais sur quel sujet reposeront les droits qui font la matière de ce travail et nous pouvons marcher en plein dans la généralité en discutant ce droit lui-même, sa nature, ses conditions d'exercice et sa quotité.

—ooooo—

DEUXIÈME PARTIE.

DU DROIT DE SUCCESSION DES ENFANTS NATURELS CONSIDÉRÉ EN LUI-MÊME.

L'enfant naturel peut hériter, en vertu de la loi, de quatre sortes de personnes : 1° du père et de la mère qui l'ont reconnu ; 2° de ses frères et sœurs naturels ; 3° de ses descendants ; 4° de son conjoint, s'il se trouve dans les conditions prévues par l'art. 767. Là se bornent ses droits ; aucun lien ne l'unit aux ascendants, aux collatéraux, aux enfants légitimes de son père ni de sa mère. La tache de sa naissance non-seulement creuse un abîme entre lui et ceux de son sang, mais restreint encore les droits attachés à sa qualité d'enfant et de frère. Les enfants naturels, dit la loi, ne sont pas héritiers ; nous verrons bientôt jusqu'à quel point cette expression peut être satisfaisante ; elle est du moins significative et montre la défaveur où sont tenus les enfants naturels. Elle annonce l'intention de former pour eux un droit exceptionnel, de créer en eux une classe de successeurs irréguliers, ayant des droits moins étendus et soumis à plus de formalités que les héritiers légitimes.

Cette irrégularité, néanmoins, ne pèse sur l'enfant naturel que dans ses rapports avec la famille d'où il sort, jamais dans des rapports avec la famille qu'il fonde. Nous écarterons donc, comme rentrant dans le Droit commun, les deux derniers cas indiqués plus haut, et nous bornerons nos recherches aux deux hypothèses dans lesquelles l'illégitimité exerce son influence. En d'autres termes, nous examinerons les droits de l'enfant naturel sur la succession paternelle ou maternelle, et, en second lieu, ses droits de succession dans sa famille naturelle, abstraction faite du père et de la mère.

PREMIÈRE SECTION.

Droits de l'enfant naturel dans la succession de son père ou de sa mère.

PREMIÈRE DIVISION.

Droits de l'enfant naturel envisagés dans leur latitude, ou de sa portion héréditaire.

Le grand principe sur la successibilité des enfants naturels, lequel, il est vrai, n'est énoncé nulle part, mais qui nous semble ressortir d'une façon frappante des dispositions de la loi sur cette matière, c'est que, d'une part et sauf exception, il n'y a ni parenté ni successibilité entre les enfants naturels et les membres d'une famille légitime, que, de l'autre, à moins que la présence d'un enfant légitime intéressé ne vienne rétablir l'inégalité, les rapports de successibilité entre parents naturels, en tant que la loi les déclare réciproquement successibles, sont aussi réguliers[1] que ceux des parents légitimes entre eux.

La première face de ce principe, la négation absolue des droits d'héritiers entre l'enfant naturel et le membre d'une famille légitime, quels que soient entre eux les liens du sang, l'art. 765 semble la consacrer avec une rigueur inflexible : « les enfants naturels ne sont point héritiers. » Cette exclusion si absolue, placée en tête même du chapitre qui règle les droits successifs des enfants naturels, paraît, à première vue, contradictoire aux dispositions qui la suivent; elle a l'air même, quand on se reporte aux discussions qui ont eu lieu au Conseil d'État sur cet article et qu'on voit la rédaction primitive qui n'accordait aux enfants naturels qu'une créance sur les biens de leur père et mère, remplacée par la rédaction définitive qui proclame leur droit à titre successif, elle a l'air, disons-nous, d'avoir été laissée là par inadvertance et de ne plus cadrer avec le système définitivement adopté. L'esprit de logique semble la repousser aussi bien que l'équité vulgaire. L'enfant naturel est fils, dirait celle-ci, il est donc héritier, c'est la loi naturelle. La mort du père, dirait la critique, l'investit d'une quote-part de son hérédité; s'il

---

1. Quant à ce second principe, qui n'est que la réciproque nécessaire du premier, nous ne saurions prétendre que le Code l'ait absolument consacré. La combinaison des articles 769-772 semble nous donner un démenti. La question sera développée dans l'un des chapitres suivants. Nous espérons y montrer que ces articles mêmes confirment notre principe, comme l'exception confirme la règle. Qu'on nous permette seulement de l'énoncer ici en termes généraux, comme corollaire rigoureux de cette règle, que la distinction entre enfants légitimes et enfants naturels n'a été sanctionnée par la loi que dans le but de protéger la parenté légitime.

est prédécédé, sa descendance recueille ses droits à la
succession paternelle; si l'hérédité est grevée de dettes, il
y contribue; il est obligé de tenir compte, comme un
héritier qui doit le rapport, des choses à lui données
par son auteur; bref, il hérite, donc il est héritier, c'est
la loi civile. Il est facile de répondre à ces objections
quand, se plaçant sur le terrain même du droit positif,
on ne prétend que défendre son unité et son esprit de
suite. En effet, c'est, grâce à la distinction, un peu sub-
tile[1] au premier abord, qu'établit l'art. 756, que le
caractère juridique de l'héritier légitime se sépare si nettement dans notre législation de celui du successeur irrégulier. L'héritier est le représentant même du défunt; le
patrimoine avec tous ses droits et aussi avec toutes ses
charges est venu, au moment de la mort, s'incorporer
en lui; le mort l'a saisi, l'a investi de sa personne juridique, et non-seulement la propriété de tous ses biens,
mais la possession, ce droit si proche du fait, si personnel, se continuent sans interruption du mort au vivant.
Or, telle n'est pas la puissance du droit accordé au successeur irrégulier. On peut regretter que l'inégalité des
parts héréditaires n'ait pas paru suffisante au législateur
pour assurer la distinction de l'enfant légitimé et de
l'enfant naturel, et qu'il ait cru devoir en outre différencier au préjudice de celui-ci, je ne dis pas précisé-

---

1. Héritier (*sensu lato*) est celui qui, en vertu de la loi, succède au patrimoine d'un autre. Ce genre renferme deux espèces : 1° l'héritier (*sensu
stricto*), ou l'héritier tout court dans la terminologie du Code, c'est-à-dire
le parent légitime qui succède, qui représente le défunt, que la mort saisit
à la fois et de la propriété et de la possession; 2° le successeur irrégulier,
qui succède aussi au patrimoine sans succéder directement à la possession.

ment la nature, mais quelques-uns des caractères de son droit successif; cependant il faut bien reconnaître que cette différence existe, que l'enfant naturel ne représente pas son père, qu'il hérite bien du droit de réclamer la possession, mais non pas de la possession, que, s'il est héritier dans le sens ordinaire du mot, il ne peut recevoir ce nom dans la langue précise et nette de la loi positive, et qu'enfin le Code, en lui refusant le titre d'héritier dans la succession de ses père et mère, n'a fait qu'obéir au principe rigoureux que nous avons formulé, principe d'exclusion plus fondé, sans doute, sur les précédents historiques que sur les données du Droit naturel, mais dont on est bien obligé d'admettre la présence.

La règle, en effet, n'est pas cette égalité réclamée par l'équité entre l'enfant légitime et l'enfant naturel, sauf certains avantages que le droit naturel même reconnaîtrait volontiers à la famille; la règle sous-entendue dans nos lois est l'exclusion du bâtard, et c'est exceptionnellement, irrégulièrement, pour parler son propre langage, que le Code l'admet à prendre une part diminuée dans la succession des seuls parents qu'il lui laisse, c'est-à-dire de ceux qui lui ont donné le jour et l'ont légalement avoué pour leur enfant.

Ce principe, néanmoins, hâtons-nous de le dire, est moins rigoureux en réalité qu'il n'en a l'air. Les différences qui séparent l'héritier du successeur irrégulier sont nettes, il est vrai, mais peu nombreuses. L'art. 756 ne veut pas dire qu'il n'y ait rien de commun entre la position de l'un et celle de l'autre; loin de là. Les droits et obligations des successeurs irréguliers, à moins que le contraire ne résulte explicitement ou implicitement des articles qui les règlent, seront en tout les mêmes que ceux de l'héritier légitime[1]. La loi se réfère implicitement pour la solution des questions exceptionnelles qu'elle passe sous silence aux dispositions du droit commun; et bien que l'admission de l'enfant naturel à la succession paternelle ne soit, dans l'esprit de la loi, qu'une exception d'humanité au principe qui l'exclut; comme la loi, après tout, lui confère ce droit à titre de succession, sans résoudre toutes les questions qui en dépendent, il faut en conclure que, hors les cas où l'irrégularité originelle de son titre le place à un degré inférieur, l'enfant naturel aura et toutes les obligations et tous les droits assignés à l'héritier légitime.

Rappelons aussi, pour expliquer le second principe que nous avons énoncé, que l'infériorité de l'enfant naturel n'est que relative, qu'elle ne peut se justifier que par la nécessité de protéger le mariage et de favoriser la descendance légitime, et que lorsque cette nécessité n'existe pas, continuer à faire peser sur la tête de l'enfant une faute dont il n'est pas coupable, constituerait une iniquité absurde. L'art. 758 et l'art. 766 (*in fine*) démontrent que telle a été la pensée des rédacteurs du

---

1. L'art. 756 n'est donc pas, ainsi que nous le disions plus haut, entièrement satisfaisant, puisque sa rédaction semble annoncer une distinction beaucoup plus absolue qu'elle ne l'est en réalité. Il faut croire, en somme, que la sentence d'exclusion qui frappe les yeux en tête de cet article, fut au moins autant une satisfaction à l'opinion, qu'avait froissée la loi de brumaire, que l'expression d'un système, et c'est ce qui explique le caractère presque comminatoire dont elle paraît entachée.

Code. L'irrégularité subsiste, il est vrai, mais dépouillée de son effet le plus grave, la réduction des parts héréditaires ; les formalités à remplir seront encore celles qui sont imposées aux successeurs irréguliers, mais les rapports mêmes de successibilité entre parents naturels n'auront rien d'exceptionnel et seront sujets aux règles ordinaires.

Examinons d'abord, pour suivre l'ordre naturel qui est en même temps celui du Code, le rôle juridique de l'enfant naturel dans la succession paternelle ou maternelle. La simple lecture des art. 756-766 nous fera comprendre la nécessité de distinguer profondément, d'une part, le cas où des parents légitimes se trouvent appelés à la succession et le cas où il ne s'en trouve pas. Dans le premier cas, irrégularité de droit et de fait, inégalité des parts, graduée suivant la classe des héritiers légitimes; dans le second, irrégularité de droit, régularité de fait. Dans le premier cas, le père[1] est membre d'une famille légitime ; l'enfant naturel se trouve exclu et n'arrive à la succession que grâce à l'exception introduite en sa faveur; dans le second, le père, soit qu'enfant naturel lui-même, il n'ait jamais eu de famille légitime, soit que tous ses parents au degré successible soient morts avant lui, n'a d'autre famille que la famille irrégulière qu'il a fondée hors des conditions de légitimité ; il n'y a donc pas, dans ce cas, de parents légitimes à favoriser; la force des choses et la lettre de la loi s'unissent pour relever l'enfant

1. Nous ne parlons du père seul que pour éviter des répétitions continuelles ; mais tout ce qu'on dira du père, dans cette section, doit s'appliquer également à la mère.

naturel de son incapacité relative. Nous commencerons donc par examiner le cas où l'enfant naturel est appelé à l'hérédité de son père ou de sa mère, concurremment avec les héritiers légitimes; nous verrons en second lieu quels sont ses droits en l'absence d'héritiers légitimes et jusqu'à quel point il rentre dans le droit commun.

PREMIÈRE SUBDIVISION.

Droits de l'enfant naturel en concours avec des héritiers légitimes.

CHAPITRE I.

Nature de ce droit.

L'enfant naturel a toujours un droit à exercer, quels que soient la classe et le degré des héritiers légitimes. De quelle nature est ce droit et quelle en est l'étendue? Si c'est un droit successif, quelles sont les dispositions de droit commun en matière de succession qui lui sont applicables, et quelles sont celles qui ne le sont pas? Quels moyens pratiques a ce successeur pour protéger son droit? Telles sont les principales questions auxquelles nous allons tâcher de répondre par ordre.

Et, d'abord, ce droit est-il réellement de sa nature un droit *sui generis?* Les règles générales inscrites dans notre Code autorisent-elles à proclamer une différence fondamentale entre la manière de succéder d'un enfant naturel et celle d'un parent légitime? En isolant de son contexte le chapitre des successions irrégulières, en considérant le soin avec lequel le législateur, dans cette matière exceptionnelle, a cru devoir consacrer la différence

10

qu'il établissait par des dénominations spéciales, on pourrait facilement se laisser entraîner au delà de la vérité,
supposer à ce droit de création exceptionnelle, mais de
nature identique, un caractère à part, un titre distinct,
et s'inquiéter outre mesure du genre à inventer pour lui,
et du nom particulier à lui donner.

Cette méthode, cependant, malgré les complications
inutiles et les fausses conséquences qu'elle ferait naître,
serait moins bizarre que l'assurance expéditive de quelques auteurs qui, voyant en tête du chapitre: *Les enfants
naturels ne sont point héritiers*, partent de là, les yeux
fermés, pour décider que, si la loi, par humanité, leur
accorde un droit sur les biens de leur père et mère, ce
droit ne saurait être qu'une simple créance; que ce
n'est pas comme héritier (même *sensu lato*), mais comme
créancier pur et simple, que l'enfant naturel est admis à
prélever sa part. [1]

On rejette, il est vrai, les conséquences de ce principe; on n'admet pas que l'héritier légitime puisse, contre
le gré de l'enfant naturel, lui remettre la valeur de sa
part, au lieu de cette part même en nature; on est bien
forcé de reconnaître à ce dernier non-seulement un droit
de créance (*jus ad rem*), mais un droit réel (*jus in re*);
on lui refuse le titre successif, mais on lui reconnaît le
droit de propriété; on en est quitte pour cette grosse
contradiction.

Cette contradiction, dont on ne sort qu'en dénaturant le sens des termes juridiques, provient, à notre avis,

----

1. Voyez Loiseau, page 204; Rolland de Villargues, n° 376.

d'une interprétation erronée de la loi. Ceux qui ne veulent voir dans l'enfant naturel qu'un créancier de la succession, se fondent uniquement sur cette première ligne, dont nous avons déjà recherché le véritable sens, et qui renferme la négation du titre d'héritier. Quant à dire que l'esprit du Code exclut l'enfant naturel, en présence de parents légitimes, et que son admission à la succession de ses père ou mère n'est qu'exceptionnelle, c'est notre avis aussi ; mais, l'exception admise, la nature réelle de son droit consacrée, l'enfant naturel assimilé, *exceptis excipiendis*, à l'héritier légitime, recueillant non tel ou tel objet, mais une part héréditaire ou une fraction de cette part, déclaré héritier dans le sens large du mot, précisément parce que la loi, en l'appelant successeur irrégulier, le range parmi les héritiers, comme l'espèce dans le genre, il n'est pas possible de rester dans l'amphibologie, de lui refuser les attributs essentiels de l'héritier, quoiqu'ils soient chez lui parfois tronqués ou modifiés, de ne pas reconnaître, enfin, que l'enfant naturel, héritier d'une façon particulière, mais héritier, jouit non pas de la saisine proprement dite, puisque la saisine possessoire lui est expressément déniée (770 cb. 773), mais, du moins de ses principaux avantages, exerce, en un mot, comme l'héritier en général, un droit réel à titre successif. Les articles 757, 759, 760, que nous examinerons en leur lieu, prouvent, en réglant la fixation des droits, la représentation, le rapport de l'enfant naturel, que ce principe existait virtuellement dans l'intention de la loi : en décrétant les conséquences, l'expression du principe même ne pouvait rester douteuse.

Au-dessus de la lettre, il y a l'esprit de la loi, c'est-à-
dire la volonté implicite du législateur ; au-dessus de
celle-ci, il y a la volonté implicite des choses, la logique
des idées, au-dessus de laquelle il n'y a rien. C'est donc
avec raison que, lors de la discussion de l'article 756,
Cambacérès fit substituer les mots « droits sur les biens »
au terme de « créance, » que portait la rédaction primitive, et dont le maintien eût vainement démenti les dispositions effectives de la loi, inconséquence dans laquelle
des commentateurs malheureux n'ont pas manqué de
tomber, mais que le législateur a sagement évitée.

Les enfants naturels ont-ils la saisine? Les auteurs sont
d'accord[1] pour la négative. La saisine est la fiction légale
qui investit le représentant du défunt de l'ensemble des
droits et obligations constituant le patrimoine de ce dernier ; cette investiture idéale s'opère au moment même
de l'ouverture de la succession, et porte non-seulement
sur la propriété, mais sur la possession de l'hérédité ; le
patrimoine du défunt se confond absolument avec le patrimoine de l'héritier saisi ; les dettes actives et passives
qui existaient entre les deux tant qu'ils étaient distincts
l'un de l'autre, s'éteignent ; les deux patrimoines, se fon-

---

1. M. Valette cependant s'éloigne du système reçu. Il accorde aux successions irrégulières la saisine légale quant aux droits considérés en eux-mêmes,
et sans faire de distinction entre la possession et la propriété ; quant à l'exercice de ces droits, soit actifs, soit passifs, la saisine, d'après lui, est judiciaire. Cette opinion ne nous semble pas fondée ; car, d'une part, l'enfant
naturel est toujours obligé de se faire envoyer en possession, et s'il devait
être censé possesseur sans posséder réellement, que signifierait l'irrégularité
de son titre? D'autre part, quand il concourt avec des parents légitimes,
l'intervention de la justice n'est pas forcée ; on ne peut donc pas parler de
saisine judiciaire en termes aussi absolus. Voyez Mourlon, Répét. écr., II, 17.

dant en un seul, forment le gage commun et des créanciers du défunt et de ceux de l'héritier. Tels sont les principaux éléments qui constituent la saisine héréditaire. On voit du premier coup d'œil que si plusieurs d'entre eux sont inapplicables à la position du successeur irrégulier, d'autres en revanche, et non pas les moins importants ne sauraient lui être refusés. Pour ne pas tomber dans le genre de sophisme contre lequel nous nous élevions tout à l'heure, nous ne dénaturerons par le sens du mot saisine; nous ne tâcherons pas à force de restrictions de rendre l'idée qu'il exprime applicable à l'enfant naturel; d'un autre côté, nous croyons qu'il est impossible de la lui refuser d'une manière absolue, et que c'est abuser de la synthèse que d'exclure sans réserve le successeur irrégulier de tous les effets de la saisine héréditaire. Nous essaierons donc de démêler quels sont les éléments de cette idée qui conviennent, et ceux qui ne conviennent pas à l'enfant naturel, appelé à concourir avec des parents légitimes.

L'élément le plus caractéristique de la saisine héréditaire est de fixer incommutablement au moment même de l'ouverture de la succession, la propriété de chaque portion sur la tête du successeur appelé à la recueillir. A ce point de vue, l'enfant naturel jouit de la saisine aussi largement qu'un héritier légitime. La propriété de sa quote-part, la valeur en fût-elle encore indécise, passe sur sa tête dès l'instant de la mort du père : le mort saisit le vif. Cet effet de la saisine est parfaitement indépendant des formalités auxquelles l'enfant naturel est astreint pour obtenir la délivrance de sa part. N'en eût-il accompli aucune, il est propriétaire. Qu'il survive un seul instant au père naturel, la propriété de sa part se transmet à ses propres héritiers, non pas seulement à ses enfants légitimes qui l'auraient recueillie, grâce à la représentation, mais à ses enfants naturels, à ses frères ou sœurs naturels, à ses héritiers testamentaires. La transmissibilité n'est pas du reste la seule conséquence du principe que nous avons énoncé. Elle appartient également au légataire, à moins que les conditions du legs ne s'y opposent. Une autre conséquence vient démontrer le principe, c'est le droit qu'a l'enfant naturel d'exiger les fruits de sa portion à dater de la mort du père, quel que soit le moment où il intente son action. On a voulu tirer de l'article 1005 un argument d'analogie pour nier l'exactitude absolue de cette proposition.

D'après cet article, le légataire universel, qui ne jouit de la saisine qu'en l'absence d'héritiers à réserve, est tenu, quand il concourt avec des réservataires, s'il veut obtenir les fruits à dater de l'ouverture de la succession, de former sa demande en délivrance dans l'année du décès. Sinon il n'a droit à la jouissance qu'à partir de la demande formée en justice ou de la délivrance volontairement consentie. On a prétendu que l'enfant naturel était soumis à cette espèce de prescription extinctive, et qu'il n'avait droit aux fruits, comme le légataire, à dater de l'ouverture de la succession que s'il avait formé dans l'année du décès sa demande en délivrance. Cette assimilation nous semble forcée, et ne repose que sur le principe que l'enfant naturel ne jouit pas de la saisine héréditaire, principe qui pris absolument est inexact. Il jouit, au con-

traire, de la saisine pour ce qui regarde la propriété. Or,
la jouissance relève essentiellement de la propriété, et
n'est attachée à la possession, quand celle ci est séparée
de la propriété, que quand la perception des fruits a lieu
de bonne foi. Nous verrons bientôt, du reste, que la part
de l'enfant naturel est une quotité de la part qu'il aurait
recueillie s'il avait été légitime. Or, s'il avait été légitime,
il aurait eu droit aux fruits de sa part à dater de l'ouverture de la succession, en quelque temps qu'il eût
formé sa pétition d'hérédité; enfant naturel, il aura droit
aux fruits de cette part d'après la même règle et dans
le même délai.

Outre l'instantanéité de la transmission, la saisine
produit d'autres effets encore en faveur de l'enfant naturel. En succédant au défunt, il acquiert un droit réel
sur tous et chacun des biens de la succession. Il résulte
de là qu'il peut, comme un héritier légitime, former une
pétition d'hérédité qui ne s'éteindra qu'après trente ans ;
qu'il a le droit de demander sa quote-part en nature de
biens héréditaires et de repousser l'équivalent qu'on lui
offre ; que s'il est tenu de respecter les actes d'administration faits par l'héritier, il n'y est pas tenu en général
pour les actes de disposition, et qu'il faut distinguer pour
lui comme pour tout successeur les aliénations à titre
gratuit et les aliénations à titre onéreux. Il pourra reven-
diquer non-seulement les immeubles donnés à des tiers,
mais même les biens acquis à titre onéreux par des tiers
de mauvaise foi, sans que ceux-ci puissent l'obliger à
discuter préalablement les biens de l'héritier vendeur.

Après l'élément positif, l'élément négatif. L'enfant naturel ne peut pas se mettre, de son autorité privée, en possession des biens qui forment sa part. La saisine possessoire lui est formellement refusée. Il est donc obligé de s'adresser aux héritiers légitimes pour obtenir la possession de sa part ou d'intenter en justice une action en délivrance. Cette action, qu'il ne faut pas confondre avec la pétition d'hérédité, n'est au fond qu'une action en partage, *actio familiæ erciscundæ*, une action dont le but unique, quant à la propriété, est de faire sortir de l'indivision les copropriétaires de l'hérédité, mais dont le but spécial est d'acquérir la possession. Cette action, quoique imprescriptible par elle-même, peut être virtuellement éteinte quand elle s'appuie sur une pétition d'hérédité qui n'est plus recevable.

Il y a donc là continuité de propriété et discontinuité de possession. Ce dernier caractère, néanmoins, n'emporte pas forcément, en matière d'usucapion, interruption de possession. Tout successeur, et *à fortiori* tout successeur universel, a le droit, en vue de l'usucapion, de joindre à sa possession celle de son auteur. Il faut, il est vrai, pour cela que la possession se continue de l'un à l'autre sans interruption. Mais quand l'interruption est purement légale, il y a lieu de rechercher l'intention de la loi. Or, il est évident que la loi, en restreignant la saisine pour l'enfant naturel et en l'obligeant à former une action en délivrance pour acquérir la possession, n'a pas entendu séparer les deux possessions, ni créer une interruption réelle; du défunt à l'enfant naturel la possession est simplement vide, et celui-ci peut en général opérer la jonction possessoire. Il en serait autrement si l'interruption provenait du fait particulier d'un tiers, soit étranger, soit héritier; la jonction ne pourrait plus dès lors s'opérer utilement.

Nous verrons encore, aux chapitres de la contribution aux dettes et du partage, d'autres effets de ce principe généralement adopté, que l'enfant naturel n'a pas la saisine. Qu'il nous suffise ici d'avoir montré l'inexactitude de cette assertion comme principe absolu, d'avoir prouvé que la lettre de l'art. 756 n'est pas rigoureuse, que le titre de l'enfant naturel est au fond de même nature que celui du parent légitime, et d'avoir déterminé, en établissant cette similitude, les points principaux par lesquels la loi y déroge.

CHAPITRE II.

De la quotité de ce droit.

L'art. 757, qui règle la quotité des droits successifs de l'enfant naturel, établit une échelle d'après laquelle cette quotité varie en raison inverse de la faveur que mérite aux yeux de la loi la classe de parents légitimes avec laquelle il est en concours. La classe la plus favorisée est naturellement celle des descendants légitimes; c'est quand cette classe est représentée dans la succession que la part héréditaire de l'enfant naturel subit le plus fort fractionnement. En concours soit avec des ascendants, soit avec les frères et sœurs du défunt, classes qui ne méritaient pas au même point que la première une protection exceptionnelle, la diminution est moindre. La présence enfin de collatéraux autres que ceux dont nous venons de parler, fait bien subir encore un retranchement à l'enfant naturel, mais dans une proportion encore plus faible que la précédente. C'est dans cet ordre que nous examinerons les cas différents où la présence d'héritiers légitimes exerce son influence sur la fixation des droits de l'enfant naturel.

A) Du concours de l'enfant naturel avec des descendants légitimes.

Quand le défunt, soit le père, soit la mère, a laissé des descendants légitimes [1], le droit de l'enfant naturel est du tiers de la portion héréditaire qu'il aurait eue s'il eût été légitime lui-même. Cette formule, qui est celle de la loi (art. 757), nous indique en même temps le chemin à suivre pour calculer le montant de ce droit. Le *de cujus*, par exemple, laisse deux enfants légitimes et un enfant naturel. Si ce dernier eût été légitime, la succession se fût partagée en trois parts égales, dont l'une lui eût été attribuée. Enfant naturel, il n'a droit qu'au tiers de cette quote-part fictive, soit à $\frac{1}{9}$. Les autres $\frac{8}{9}$ se partageront également, suivant les règles ordinaires, entre les deux enfants légitimes. Si l'un de ceux-ci renonce ou est déclaré indigne, le procédé est le même : si l'enfant naturel eût été légitime, il eût obtenu la moitié de l'hérédité ; il prendra donc le tiers de cette moitié, soit un sixième. Quand parmi les héritiers il s'en trouve qui ne viennent à la succession que par représentation, comme le partage entre eux se fait par souches et non par têtes,

---

1. A quelque degré, bien entendu, que soient ces descendants. Il faut aussi comprendre dans cette catégorie les enfants légitimés et les enfants adoptifs, que la loi assimile complétement aux enfants légitimes.

ce sont également les souches et non les têtes qu'il faut faire entrer dans le calcul des droits de l'enfant naturel. Si, dans notre espèce l'un des enfants légitimes, étant prédécédé, laisse trois enfants qui succèdent à leur aïeul par représentation, le résultat pour l'enfant naturel sera le même que si l'enfant prédécédé avait recueilli lui-même sa part de la succession. Si, au contraire, les deux enfants légitimes étant déclarés indignes ou ayant renoncé à la succession, leurs enfants héritent, non par représentation, mais de leur propre chef, il est clair qu'en suivant toujours le même raisonnement, l'enfant naturel qui, supposé légitime, aurait recueilli la totalité de la succession, aura droit au tiers de toute l'hérédité, et que les descendants légitimes devront se contenter des deux autres tiers.[1]

Ainsi, envisager fictivement l'enfant naturel comme légitime, faire dans cette hypothèse la part de tous les ayants droit, part qui fictivement peut être nulle pour les héritiers légitimes, ainsi que nous venons de le voir, sur cette part fictive de l'enfant naturel calculer le tiers et le lui attribuer définitivement, telle est la marche à suivre pour la fixation de ses droits quand il se trouve

1. La représentation fait entrer celui qui représente dans la place, dans *le degré* et dans les droits du representé (art. 739). Quand la représentation n'a pas lieu, le descendant inhabile à l'invoquer reste à son degré naturel et ne peut d'une manière absolue se faire fort contre personne du degré de son auteur. On ne comprend donc pas que MM. Chabot et Duranton fixent, dans ce cas, les droits de l'enfant naturel à un neuvième, malgré l'indivisibilité, soit de la représentation, soit de la non-représentation. Les termes, d'ailleurs, de l'art. 757 sont formels et n'autorisent pas une pareille interprétation. Voyez Zachariæ, par Aubry et Rau, §. 605.

concourir avec des descendants légitimes. La part de ceux-ci ne se détermine qu'après cette fixation, puisque cette fixation, s'opérant comme un prélèvement, a pour effet de restreindre la masse à partager entre les héritiers légitimes. C'est ce qu'il ne faut jamais perdre de vue, surtout quand la présence de plusieurs enfants naturels vient compliquer l'opération.

La loi semble n'avoir pas prévu ce cas; mais comme la formule qu'elle édicte est générale, il est de toute nécessité de suivre, quand il se trouve plusieurs enfants naturels, absolument le même procédé que pour l'enfant naturel unique. On les supposera tous légitimes, et sur la part qui leur reviendrait à ce titre, on calculera le tiers qui formera leur part définitive.

Supposons deux enfants légitimes et quatre enfants naturels. Si ces derniers étaient légitimes, la succession se divisant par sixièmes, ils en prendraient ensemble quatre, et comme ils n'ont en réalité droit qu'au tiers de cette fraction, ils obtiendront ensemble $\frac{4}{18}$ qu'ils partageront entre eux; les $\frac{14}{18}$ restants se partageront entre les deux enfants légitimes.

En faisant le calcul fictif par lequel on est obligé de passer, les enfants naturels ne peuvent être admis à se supposer légitimes successivement, de manière que chacun d'eux s'avantage de l'illégitimité de ses frères; ils doivent, au contraire, être tous considérés simultanément comme légitimes; leur part commune devant se prélever sur la masse héréditaire et la restreindre d'autant, ils ne peuvent s'isoler les uns des autres; il existe entre eux une solidarité de fait, en vertu de laquelle aucun des enfants naturels ne peut se supposer légitime sans faire entrer ses égaux en droits dans la même position fictive.

On a essayé, dans une intention toute généreuse sans doute, mais par une falsification flagrante des termes de la loi, de nier ce principe ou de le passer sous silence, afin d'augmenter plus ou moins la part des enfants naturels. Le système que nous embrassons et qu'ont adopté la majorité des auteurs [1], fondé qu'il est d'ailleurs dans l'esprit de l'art. 757, renferme, nous l'avouons, quelques corollaires qui semblent, au premier abord, choquer l'esprit de justice. Il ressort, en effet, de la comparaison des parts diverses qui échoient à l'enfant naturel, selon qu'il est en concours avec plus ou moins d'enfants légitimes, avec plus ou moins d'enfants naturels, des conséquences qui peuvent paraître bizarres et qui conduisent, entre autres, aux deux règles suivantes :

1° La survenance [2], ou si l'on veut, la présence d'un second, troisième, etc., enfant naturel est juste aussi préjudiciable au premier que celle d'un second, troisième, etc., enfant légitime;

2° La fraction qu'un second, troisième, etc., enfant naturel enlève à la part qui serait échue en leur absence au premier ou aux premiers, indique la moitié de sa part et de la part de chacun. Le survenant prend sa seconde moitié sur la part des enfants légitimes. Autrement dit

---

1. Loiseau, page 625; Chabot, sur l'art. 757, n° 3; Zachariæ, par Aubry et Rau, §. 605, texte et note 8.

2. Si nous supposons ici qu'en fait les enfants, soit légitimes, soit naturels, ne se présentent que successivement (ce qui, dans la réalité, est souvent le cas), ce n'est que pour faciliter l'entente de ces conséquences et rendre notre idée plus claire. Les règles en question n'en demeurent pas moins générales.

les enfants légitimes et les enfants naturels contribuent dans ce cas par portions identiques et non en proportion de leur émolument.

Ces conséquences ont paru peu équitables à quelques jurisconsultes[1]; ils ont tenté, dans le but d'une répartition plus conforme à ce qu'ils regardaient comme la justice, d'interpréter le Code d'une manière moins défavorable aux enfants naturels, dont la part déjà minime leur semblait subir, quand elle se fractionne encore entre plusieurs, une réduction disproportionnée.

Deux systèmes principaux, rapportés tous deux et combattus par MM. Aubry et Rau[2], représentent cette tendance, qui n'arrive malheureusement à se réaliser qu'en dénaturant les termes de la loi ou en finissant par se heurter à l'absurde. Dans le premier, on prétend que si l'enfant naturel a droit au tiers de la portion d'un enfant légitime (remarquons tout d'abord la fausseté de cette prémisse), deux enfants naturels auront droit aux deux tiers de cette portion, et trois enfants naturels à cette portion entière. Il est clair que ce système favorise les enfants naturels, puisqu'en les supposant au nombre de trois, en concours avec un enfant légitime, ils devraient prendre la moitié de l'hérédité, tandis que, d'après le nôtre, ils ne recueillent que le quart, tiers des $\frac{3}{4}$ qu'ils auraient obtenus s'ils avaient été légitimes.

Cette théorie qui en elle-même ne contient aucun vice de logique, serait fort acceptable si elle ne péchait pas par la base. La loi n'attribue nulle part à l'enfant na-

---

1. Voyez le S. A *bis*.
2. Zachariæ, *ibid*.

turel le tiers d'une portion d'enfant légitime, pas plus
qu'elle ne dit : l'enfant légitime prendra trois parts d'enfant naturel. Le droit de l'enfant naturel, dit l'art. 757,
est du tiers de ce qu'il aurait eu s'il avait été légitime
lui-même. Il n'est pas permis de s'écarter d'une déclaration aussi précise. Or, ce système, ou bien la viole d'une
façon flagrante, ou bien aboutit à un raisonnement comme
le suivant : moi, enfant naturel, je prends le tiers de la
moitié que je prendrais si j'étais légitime ; j'ai deux frères
naturels ; ils ont les mêmes droits que moi ; à nous trois
nous prendrons donc la moitié de l'hérédité. Votre calcul
est d'un sophiste, dirait à bon droit l'enfant légitime ;
si vous étiez légitime, vous ne prendriez pas la moitié de
l'hérédité, car voici deux autres enfants naturels dont
vous ne tenez compte et dont la présence doit diminuer
aussi bien votre part que la mienne.

Ce sophisme n'est pas dans l'intention du système que
nous réfutons ; mais, à moins de falsifier et la lettre et
l'esprit de la loi, il est forcé en adoptant le procédé de
l'article 757, sans en respecter les conséquences, d'avoir
recours à cet insoutenable raisonnement. Le second
système, tout aussi malheureux que le précédent, reprend en sous-ordre et en l'amendant, le raisonnement
que le premier ne renfermait que virtuellement. Chaque
enfant naturel serait autorisé à dire : Si j'étais légitime
(nous supposons la même espèce que plus haut), les
deux autres enfants naturels prendraient le tiers de la
moitié, soit à eux deux $\frac{1}{6}$. Les cinq autres sixièmes
seraient à partager entre l'enfant légitime et moi. Mais
comme je ne suis qu'enfant naturel, je n'ai droit qu'au

tiers de ces $\frac{5}{12}$ que je m'attribuais fictivement; de cette
façon chaque enfant naturel obtiendra $\frac{5}{36}$, et l'enfant légitime prendra le surplus. Cette théorie ne résiste pas
à l'examen. En prenant ainsi successivement les enfants
naturels au lieu de les considérer simultanément, que
fait-on si ce n'est de s'embarquer dans la moins spécieuse
des contradictions? Peut-on prétendre obéir à l'art. 757,
tout en calculant d'abord fictivement, puis définitivement, la part de chacun d'eux qu'après déduction de
ce que prélèvent les autres enfants naturels. Mais cette
part à déduire préalablement, comment la fixera-t-on,
puisqu'on n'a pas de norme? C'est là le cercle vicieux
où tourne le système[1]; il n'en sort qu'en abdiquant, car
pour fixer cette part dont la déduction est indispensable,
il emploie précisément le procédé contre lequel il combat,
sauf après cet aveu implicite de faiblesse, à l'abandonner
aussitôt en niant la base même sur laquelle il repose.
Voyons d'ailleurs où ce système nous conduit : s'il y
avait un enfant légitime et dix enfants naturels en présence, chacun de ceux-ci serait fondé à dire : En me
supposant légitime, les neuf enfants naturels prendraient
ensemble $\frac{9}{11 \times 3} = \frac{9}{33}$; des $\frac{24}{33}$ restants, l'enfant légitime prendrait la moitié et moi l'autre; le tiers de cette moitié,
c'est-à-dire, $\frac{4}{33}$ forme ma part définitive. La somme des
prétentions des dix copartageants naturels s'élèverait donc
à $\frac{40}{33}$; ce qui est absurde.

La théorie que nous avons adoptée est donc la seule
qui, obéissant aux prescriptions de la loi, satisfasse la

---

1. Ce cercle vicieux n'existe plus dans le système exposé plus bas, §. A *bis*.

raison et même l'équité naturelle en tant qu'elle puisse
s'assouplir aux nécessités d'un droit d'exception. Quant
aux corollaires que nous en tirions tout à l'heure, sans
vouloir nous opposer à ce qu'on les trouve regrettables,
nous pensons qu'ils ne renferment rien d'illogique ni qui
blesse l'esprit dans lequel la loi a été conçue. Si l'enfant
naturel se voit enlever par son frère naturel précisément
autant que ce que lui enlèverait un frère légitime, quoique la part de ce frère soit beaucoup moindre quand il
est naturel que quand il est légitime, on lui répondra
parfaitement : cette distinction entre enfants légitimes
et enfants naturels dont vous voulez vous prévaloir,
ne peut pas être invoquée par vous; elle n'a été consacrée par la loi que dans un seul but, celui de protéger
exceptionnellement non vos intérêts, mais, au contraire,
les intérêts des parents légitimes. Il n'y a donc rien de
contradictoire à ce qu'enfants légitimes et naturels exercent absolument la même influence sur la fixation de vos
droits.

Le second corollaire se défend de même par des raisons
tirées de l'esprit de la loi. Un enfant légitime et un enfant naturel se sont partagé dans les formes une succession que nous représenterons par 18. L'enfant légitime, conformément à l'article 757, a pris quinze, et
l'enfant naturel trois. Que ce partage cesse d'être valable,
grâce à l'action intentée par un second enfant naturel,
il sera remplacé par le partage suivant : chacun des enfants naturels prendra deux, et l'enfant légitime les
quatorze qui restent. Par conséquent, l'enfant légitime
a perdu un; l'enfant naturel a perdu un également. Tout

le monde peut s'assurer, en opérant sur une série d'hypothèses, de l'absolue généralité de cette règle, que tous les enfants naturels et légitimes, pour former la portion de chaque enfant naturel, contribuent non en proportion de leurs émoluments divers, mais comme s'ils avaient tous des émoluments égaux.

C'est ici surtout qu'on peut voir combien se trompent les auteurs qui ne regardent l'enfant naturel que comme un créancier de la succession. Cette disproportion que nous venons de signaler, constituerait dans cette hypothèse l'iniquité la plus insoutenable et suffirait à vicier le système dont elle serait une conséquence. Mais le droit de l'enfant naturel n'est pas comme une créance qui, se prélevant avant tout partage, se répartit, d'une part, forcément et proportionnellement sur les divers ayants droit, et qui, d'autre part, laisse intacte la question du partage et ne préjuge nullement la façon dont il devra s'opérer; ce droit entre comme élément de calcul dans la fixation même des droits de tous les enfants naturels, et c'est parce que ceux-ci exercent non un simple droit de créance, mais un droit essentiellement successif, qu'ils ne sont pas fondés, en droit, à venir combattre la disproportion dont il s'agit. En vertu de quelle loi prétendraient-ils à une proportion plus équitable, alors que la loi leur refuse l'égalité et déclare leur titre successif irrégulier? Cette irrégularité de répartition n'est pas une seconde atteinte à leur droit; elle est la suite de l'inégalité fondamentale des rapports d'enfants naturels à légitimes dans la succession paternelle, où les uns sont envisagés défavorablement, les autres, au contraire, protégés

et avantagés par la loi. Il n'y a donc pas de contradiction
véritable dans le système que nous avons développé; les
conséquences mêmes qui semblaient y annoncer une lacune ou un défaut, répondent, au contraire, à l'ensemble
des dispositions sur la matière et se justifient., en droit
positif, tant par une appréciation nette des vues du législateur que par l'enchaînement forcé des principes dont
elles découlent.

A ᵇⁱˢ) Exposé et critique du système dit de répartition.

Il nous reste, pour le cas où il se trouve plusieurs enfants
naturels, à examiner un système dont nous n'avons pas
encore parlé. Ce système très-sérieux, très-exact, a été
exposé par M. Louis Gros, dans la Revue de Droit français et étranger [1]. Basé sur des considérations rigoureusement mathématiques, facilement applicable dans les cas
ordinaires, présentant les résultats les plus équitables,
il aurait toute chance de remplacer le système de la jurisprudence auquel nous nous sommes arrêté, si, poussé
dans ses dernières conséquences, il n'était malheureusement amené à choisir entre deux contradictions : se contredire lui-même ou contredire l'esprit de la loi.

Tel qu'il est néanmoins, il mérite d'être approfondi.
Les côtés faibles du système de la jurisprudence que
nous n'avons pu défendre qu'en nous rejetant sur la volonté de la loi, ne se retrouvent pas dans le système de
la répartition. Nous allons tâcher de l'exposer le plus

1. Voyez ce recueil, tome I, pages 507 et 594.

clairement possible en prenant pour point de départ la lacune qu'on reproche au nôtre.

Cette anomalie que présente notre système et que nous avons résumée en deux corollaires, provient de ce que pour fixer la part des enfants naturels, nous les supposons tous et simultanément légitimes, sans tenir compte à aucun de l'illégitimité de ses frères; d'où il suit que chacun d'eux nuit aux autres comme leur nuirait un frère légitime, et que la part à prélever par ceux-ci enlève juste autant à l'enfant naturel, qui prend moins, qu'à l'enfant légitime, qui prend plus; étrangeté, disions-nous, qui est le fait de la loi et non de notre théorie. Avouons une chose cependant, c'est que si l'on vient nous dire: vous calculez la part de l'enfant naturel en concours avec des frères tant légitimes que naturels, non-seulement comme s'il était légitime lui-même, mais mais comme si ses frères naturels étaient légitimes; vous dites trouver la raison de ce procédé dans l'art. 757; eh bien! dans le même article nous trouvons la raison d'un procédé tout différent; nous calculerons la part de l'enfant naturel comme s'il était légitime, mais sans rien changer à la position réelle de ses frères; — avouons qu'à cela il serait assez difficile de répondre, et que prémisses pour prémisses, les unes se trouvent aussi bien que les autres, ou aussi peu que les autres, fondées dans l'intention du législateur: il est trop évident que le législateur, dans cette matière, n'a pas eu d'intention du tout, que la discussion au Conseil d'État s'est bornée à l'hypothèse d'un enfant naturel unique, et que le cas où plusieurs enfants naturels seraient en concours, n'a été ni examiné ni même soupçonné un seul instant.

Supposons donc le point de départ admis : les enfants naturels ne seront, pour la fixation de leur part, réputés légitimes que successivement. On voit *a priori* que si, par ce procédé, le calcul est faisable, les enfants naturels ne se nuiront entre eux qu'en raison de leur part définitive et non de leur part fictive, et que chacun d'eux, pour se remplir de sa part, la prélèvera, non plus également sur la part de son frère légitime et sur la part de son frère naturel, mais dans la proportion véritable de ces parts.

Si le calcul est faisable, avons-nous dit : c'était là l'obstacle, et c'est là l'innovation. L'un des systèmes que nous avons réfutés plus haut, partait du même principe que celui dont il est question ici. S'il y a un enfant légitime, disait-il, en concours avec deux enfants naturels, chacun de ceux-ci pourra dire : Si j'étais légitime, je prendrais la moitié de la succession, défalcation faite de la part de mon frère naturel; c'est donc le tiers de cette moitié qui me revient, autrement dit le sixième de l'hérédité, diminuée d'une part d'enfant naturel.

Mais comment fixer cette part dont le prélèvement détermine le partage à faire? Ici l'ancien système échouait. Il se servait, pour fixer cette part, du système de la jurisprudence, et faisait par cela même aveu d'impuissance. On ne songeait pas que cette part pouvait être fixée sans sortir du système, et qu'en en faisant l'inconnue d'une opération algébrique, rien n'était plus facile que de trouver à la fois et cette part et la part des autres.

Appelons x la part définitive d'un enfant naturel, H l'hérédité ou masse à partager; L la part de l'enfant légitime dans le calcul fictif, et L' la part d'un enfant naturel supposé légitime. Nous avons immédiatement les deux égalités suivantes : $L = L'$ et $L + L' + x = H$. Voici maintenant le raisonnement que peut faire chacun des enfants naturels : Si j'étais légitime, l'enfant légitime et moi partagerions par moitié l'hérédité diminuée de x, part de mon frère naturel. Or, cette part x doit être égale à ma part définitive, qui est le tiers de L', part que j'aurais si j'étais légitime. Donc $\frac{L'}{3} = x$, ou encore, multipliant de part et d'autre par 3, $3x = L'$; et comme $L' = L$, nous aurons $L' + L = 6\,x$. Or, nous avions comme première égalité $L + L' - x = H$. Remplaçons-y L et L' par leur valeur en x, nous aurons $6\,x + x = 7\,x = H$, et en divisant de part et d'autre par 7 : $x = \frac{H}{7}$. C'est donc $\frac{1}{7}$ qui formera la part de chacun des deux enfants naturels. Les autres $\frac{5}{7}$ seront la portion de l'enfant légitime.

Si deux enfants légitimes, par exemple, étaient en concours avec quatre enfants naturels, on procéderait encore de même, au point de vue d'un seul enfant naturel à la fois. Si l'un d'eux était légitime, il prendrait L', et les deux enfants légitimes ensemble $2\,L$; chacun des trois enfants naturels restants prendrait x, part définitive aussi du quatrième et qui équivaut donc à un tiers de L'. Par conséquent, L' vaut $3\,x$; $2\,L$, valant $2\,L'$, vaudront $6\,x$; $L' + 2\,L = 9\,x$. Or, $2\,L + L' + 3\,x = H$; et remplaçant les lettres L et L' par leur valeur en x, $9\,x + 3\,x = 12\,x = H$. Donc $x = \frac{H}{12}$. Ensemble les quatre enfants naturels prendront $\frac{4}{12}$; les $\frac{8}{12}$ restants se partageront entre les deux enfants légitimes.

On voit donc que la part de l'enfant naturel, dans ce système, ne se prélève sur les autres parts qu'en proportion de leur valeur réelle, et que ce procédé, outre qu'il est d'une exactitude irréprochable, produit des résultats d'une équité moins douteuse que ceux du système de la jurisprudence. Supposons, en effet, un enfant légitime et un enfant naturel en concours; celui-ci prendrait le tiers de la moitié qu'il aurait eue étant légitime : les $\frac{5}{6}$ restants sont pour l'enfant légitime, qui prend par conséquent cinq parties quand l'enfant naturel en prend une. La part du premier est donc à celle du second :: 5 : 1. Survient un second enfant naturel à qui il faudra appliquer également la loi de ce rapport 5 : 1. Or, le système que nous avons adopté donne dans ce cas à chacun des enfants naturels $\frac{1}{9}$ et à l'enfant légitime $\frac{7}{9}$; il crée donc de son chef un rapport, 7 : 1 : 1, différent de celui que la loi même avait ordonné et qui doit s'énoncer 5 : 1 : 1. Autrement dit, l'enfant légitime prendra cinq parties et chacun des enfants naturels une; comme ces parties sont au nombre de sept et non plus de six; elles ne seront plus des sixièmes, mais des septièmes; et c'est dans cette diminution du dénominateur commun qui, ne changeant rien au rapport des différentes fractions exprimant les parts, les affaiblit en raison directe de leurs numérateurs, que se trouve la cause de la stricte proportionnalité dont ce système s'avantage.

Il consiste, comme on le voit, en une répartition analogue à celle qui avait lieu en Droit romain, et qui a lieu même en Droit français, dans le cas où le testateur, en léguant des quote-parts, aurait excédé l'unité. Quand

les dénominateurs sont semblables, le rapport voulu est
exactement exprimé par les numérateurs; dire : je lègue
à A $\frac{1}{2}$ (ou $\frac{4}{8}$), à B $\frac{3}{4}$ (ou $\frac{6}{8}$), à C $\frac{3}{8}$, c'est dire : je lègue à
A 4, à B 6, à C 3, de façon que la somme de ces parts
additionnées épuise l'hérédité; les huitièmes, qui n'étaient
plus qu'un mot sans valeur, se transformeront forcément en treizièmes, puisque les parties égales composant la masse sont au nombre de treize.

Les équations algébriques qui constituent la première
de nos démonstrations, se réduisent à ce raisonnement,
si on les dépouille de leur forme scientifique, et donnent
des résultats absolument identiques. Dans la première
espèce examinée, deux enfants naturels, en concours avec
un enfant légitime, obtenaient chacun $\frac{1}{7}$; c'est aussi la
fraction qu'a donnée la répartition. Si nous appliquons
à la seconde espèce la formule de répartition, nous arri-
verons encore à des chiffres semblables. Deux enfants
légitimes sont en concours avec quatre enfants naturels;
un seul enfant naturel aurait droit au tiers du tiers,
à $\frac{1}{9}$, et les enfants légitimes à $\frac{8}{9}$. Le rapport est donc ici
8 : 1, et doit rester le même, quel que soit le nombre
des enfants naturels. Nous aurons donc 8 : 1 : 1 : 1 : 1,
ou $\frac{8}{12}$, pour les deux enfants légitimes ensemble, et $\frac{1}{12}$
pour chacun des enfants naturels. La répartition mène
donc à des résultats identiques à ceux qu'on obtient en
raisonnant sur la part d'un enfant naturel, prise comme
inconnue. La formule de ce système est, comme on le
voit, bien simple; étant donné le rapport numérique
de la part de l'enfant légitime ou de tous les enfants légitimes, s'ils sont plusieurs, à celle d'un seul enfant na-

turel, ce rapport étant exprimé par des fractions dont les dénominateurs sont égaux, on attribue à chacun des enfants naturels la fraction déterminée pour l'un d'entre eux; on additionne les numérateurs, et l'on fait de cette somme le dénominateur commun, en gardant à chaque fraction son numérateur primitif.

On arrive encore au même résultat par un correctif un peu subtil du système de la jurisprudence. Soit un enfant légitime en concours avec deux enfants naturels. Si ces derniers étaient légitimes, la succession se partagerait en trois parties; mais ils ne sont pas légitimes, et ne doivent prendre que le tiers de ces $\frac{2}{3}$; autrement dit, on leur retire $\frac{4}{9}$. Mais à ceux qui voudraient, sans plus, joindre ces $\frac{4}{9}$ à la portion de l'enfant légitime, chaque enfant naturel ne pourrait-il pas répondre : Les $\frac{2}{9}$ que vous me prenez à moi, me sont bien et dûment enlevés; mais, quant aux $\frac{2}{9}$ que vous prenez à mon frère naturel, il faut les partager. Si j'étais légitime, j'aurais droit à une fraction de ces $\frac{2}{9}$; comme enfant naturel, je prendrai le tiers de cette fraction, et l'autre enfant naturel en fera autant sur la part qu'on m'enlève. On obtiendra un nouveau reste, qui se partagera de nouveau dans la même proportion, et ainsi de suite. On arrivera de cette manière à une progression géométrique décroissante, et, en prenant la somme de ces proportions prolongées à l'infini, on arrivera à donner $\frac{5}{7}$ à l'enfant légitime, et $\frac{1}{7}$ à chaque enfant naturel; ce qui est absolument le résultat indiqué par la répartition.

Ce ne sont donc pas les démonstrations qui font défaut à ce système; toutes celles que nous avons données

s'accordent à en prouver l'exactitude. Mais tout système, pour être jugé, doit être poussé dans ses dernières conséquences ; s'il ne résiste pas à cette épreuve, n'ayant d'autre autorité que celle de la raison, il faudra le rejeter dans son entier. Malheureusement pour les démonstrations [1] dont il s'appuie et qui sont de toute exactitude, le système en question est de ceux qui, basés presque uniquement sur la logique, n'ont pas, en cas d'inconséquence, la ressource de se couvrir d'un texte positif. Le système de la jurisprudence a des lacunes, mais il donne pour excuse la volonté de la loi ; le système de la répartition aboutit à des résultats illogiques, mais aucun texte ne les justifie et l'objection le détruit.

Voici, en effet, la grande question qui se présente : Faut-il étendre le procédé de la répartition au cas où plusieurs enfants naturels se trouvent en concours non plus avec des descendants légitimes, mais avec des parents d'une autre classe ? Résoudre négativement cette question, c'est se renier soi-même, c'est établir, outre une contradiction partielle, dont nous parlerons bientôt, la contradiction fondamentale des divers points du système ; c'est abdiquer par peur de l'affirmative ; la résoudre affirmativement, c'est forcer la loi à un point tel, comme nous le verrons, que l'esprit le plus disposé à négliger la lettre ne pourra se refuser à voir, dans les résultats de cette affirmation, une violation flagrante des principes du Code.

Que deux enfants naturels aient à partager une succession

---

1. Ou malheureusement pour la loi, qui n'a pas songé à les sanctionner.

avec un ascendant, qui les empêchera d'user du procédé
de la répartition, et ayant droit chacun à $\frac{1}{2}$, de s'attribuer
définitivement $\frac{2}{3}$, en laissant le dernier tiers à l'ascendant ? Le cas est différent, dit-on ; la loi, en l'absence
d'enfants légitimes, a fixé la portion de l'enfant naturel
d'une manière invariable. La loi, d'abord, répondra-t-
on, n'a pas plus ici que dans le cas précédent, prévu la
pluralité des enfants naturels ; ensuite, cette invariabilité
des parts qui résulte évidemment de la loi dans l'hypothèse d'un seul enfant naturel, n'est pas le moins du
monde exigée par la loi d'une façon générale, et l'on ne
saurait, par conséquent, en arguer pour justifier une
incohérence du système. De plus, si la répartition recule
devant les parents légitimes autres que les descendants,
voici à quelle contradiction on arrive, particularité qui
suffirait à elle seule à vicier le système : quand il y a un
certain nombre d'enfants naturels, six par exemple, en
concours avec un enfant légitime, ce dernier n'obtient
de la répartition que $\frac{5}{11}$, moins de la moitié, par conséquent, et la moitié de l'ascendant serait inattaquable !
C'est manifestement contraire à l'article 757.

Si au contraire les partisans de la répartition ont le
courage d'être logiques jusqu'au bout, les résultats forcés
qu'ils obtiennent ne sont guère plus heureux. Si quatre
enfants naturels sont en concours avec des frères du
défunt, ces derniers n'auront qu'$\frac{1}{5}$ à se partager entre
eux, et les enfants naturels auront ensemble $\frac{4}{5}$. S'ils sont
en concours avec d'autres collatéraux, ceux-ci, quel que
soit leur nombre, n'auront à eux tous qu'$\frac{1}{13}$. Ces résultats que le Droit naturel accueillirait peut-être sans peine

sont d'une absurdité évidente en présence des textes;
ils heurtent tout l'ensemble de notre législation sur les
enfants naturels ; ils n'est pas possible de prêter aux
auteurs des articles 756 et suivants, des intentions aussi
démesurément favorables aux enfants naturels et aussi
préjudiciables aux parents légitimes.

Cette impuissance finale du système de la répartition,
que nous ne constatons pas sans regret, ne permet donc
pas d'en adopter les procédés ; un système qui introduit
des innovations aussi importantes, mérite toute attention,
il est vrai, mais est tenu par son exactitude même à
rester logique jusqu'au bout. Le système de la jurisprudence peut, à certains égards, contenter un peu
moins l'esprit d'équité, mais il se sauve par la cohésion,
qui manque à l'autre et par le respect de la loi, que
celui-ci est obligé d'enfreindre.

B) Du concours de l'enfant naturel avec des ascendants ou des collatéraux.

1. Avec des ascendants ou des frères et sœurs.

Quand les père ou mère, morts sans descendants légitimes, ne laissent que des ascendants ou des frères et sœurs,
le droit de l'enfant naturel est de la moitié de la portion
héréditaire qu'il aurait eue s'il avait été légitime. (Art. 757.)
La part à attribuer à l'enfant naturel n'offre ici aucune
des complications de calcul que la controverse pouvait
imaginer dans l'hypothèse de concours avec des enfants
légitimes. Dans ce cas-là effectivement, la portion fictive
de l'enfant naturel variait avec le nombre des enfants légitimes et avec celui des enfants naturels. Ici, au con-

traire, quel que soit le nombre des parents légitimes et des enfants naturels, la portion fictive commune à ces derniers sera toujours identique ; elle comprendra toujours la totalité de l'hérédité et ne saurait comprendre moins, puisque ces enfants naturels, ne fussent-ils qu'un ou fussent-ils plusieurs, excluraient absolument par cette fiction de légimité tous parents autres que les descendants légitimes du défunt. Quand donc se présentera le cas que nous examinons, c'est-à-dire quand l'enfant naturel se trouvera en concours avec des ascendants ou des frères et sœurs, sa part ou leur part, si l'on suppose plusieurs enfants naturels, sera invariablement la moitié de toute l'hérédité ; et l'autre moitié se répartira suivant les règles ordinaires entre les parents légitimes.

Soit par exemple une succession de 20,000 francs à laquelle arrivent deux enfants naturels, le père et un frère du défunt. Les deux enfants naturels qui auraient tout pris, s'ils avaient été légitimes, prendront la moitié ou 10,000 fr. à eux deux. ; sur le reste le père obtiendra un quart ou 2500 francs et le frère trois quarts ou 7500 francs.

2. Avec des collatéraux autres que les frères ou sœurs.

Le droit de l'enfant naturel est des trois quarts de ce qu'il aurait eu en le supposant légitime, « quand les père ou mère ne laissent ni descendants, ni ascendants, ni frères, ni sœurs. » (Art. 757.)

La portion de l'enfant naturel est ici, sauf l'augmentation de ses droits, absolument la même que dans le cas précédent ; de même que sa moitié comprenait dans ce cas-là la moitié même de l'hérédité, puisque, légitime, il eût exclus entièrement les parents légitimes, de même et *a fortiori* ces trois quarts comprendront-ils invariablement les trois quarts de la totalité de l'hérédité.

Cela posé, il reste un doute. Quelle extension faut-il donner à cette expression : collatéraux autres que frères ou sœurs ? On voit fort bien où elle s'arrête, c'est-à-dire qu'au delà du 12e degré les collatéraux n'étant plus successibles né peuvent plus même, c'est de toute évidence, prétendre à cette réduction d'un quart. Mais où commence t-elle ? Y comprendra-t-on les descendants des frères et sœurs, au moins quand héritant de leur chef et non par représentation, ils n'entrent pas dans tous les droits de ce frère ou de cette sœur ? Ou doivent-ils comme les frères et sœurs eux-mêmes réduire l'enfant naturel non pas aux trois quarts comme des collatéraux ordinaires, mais à la moitié de la succession ? Cette question dont la solution ne se trouve pas formellement dans le Code, mérite d'être examinée.

3. Avec des descendants des frères et sœurs.

Quand il y a lieu à représentation pour ces descendants de frères et sœurs, il est impossible d'hésiter sur la catégorie dans laquelle ils se rangent. Puisque la représentation a pour effet de conférer au représentant le degré et les droits du représenté, nous dirions presque de ressusciter momentanément ce dernier en le relevant de la déchéance que la mort lui a fait éprouver, nul doute que l'enfant naturel qui eût été réduit à la moitié si le frère même eût survécu au *de cujus*, n'éprouve la même réduction de la part des représentants de ce frère.

Cette conséquence de la représentation est si naturelle et si évidente que si la loi, au sujet de la réduction à moitié, ne parle que des frères et sœurs, et passe sous silence leurs descendants, il faut croire qu'elle jugeait inutile de les nommer dans une catégorie au bénéfice de laquelle la représentation déjà les faisait admettre de plein droit. C'est donc en faveur des neveux et des petits-neveux, et non contre eux qu'il faut interpréter le silence de la loi.

Mais, dira-t-on, en admettant cette interprétation, ne faut-il pas faire une restriction? Si le législateur a jugé superflu de répéter ici une assimilation qu'il établit si souvent, n'était-ce pas parce qu'il avait en vue les conséquences de la représentation, et qu'il n'avait qu'elle en vue? Et n'en faut-il pas conclure que pour le cas où la représentation n'a pas lieu, cette assimilation n'existait pas plus dans l'esprit qu'elle n'existe dans la lettre même de la loi? En d'autres termes, et pour préciser la question, l'étendue de la réduction qu'opèrent les parents légitimes sur les droits successifs des enfants naturels est-elle attachée au degré, ou est-elle attachée à la classe? Si elle ne l'est qu'au degré, le neveu qui hérite de son chef, et non par représentation, ne réduira l'enfant naturel qu'aux trois quarts; si elle l'est à la classe même, et que le degré importe peu, les neveux et petits-neveux le réduiront à la moitié comme les frères et sœurs eux-mêmes, quand même ils seraient inadmissibles à invoquer la représentation.

Les héritiers légitimes, ainsi qu'il ressort des art. 745 et suivants, se divisent en quatre classes : les descendants, à quelque degré qu'ils se trouvent, excluent les trois dernières ; les frères et sœurs et descendants d'eux, à quelque degré également qu'ils se trouvent, excluent les deux dernières, sauf le quart du père et le quart de la mère ; restent les ascendants et les collatéraux autres que ceux de la deuxième classe ; ceux-ci sont exclus par les ascendants quelconques de la même ligne qu'eux. Ainsi les neveux, petits-neveux, etc., excluant, même sans l'aide de la représentation, tous ascendants autres que le père ou la mère (art. 750), sont plus favorisés qu'eux dans la succession ordinaire, et l'on voudrait leur refuser un droit exercé par ceux-là mêmes que leur seule présence exclut ! Si cependant il résulte de la loi que le droit de réduction est attaché au degré et non à la classe, il faudra passer par-dessus cette contradiction, quelque absurde qu'elle paraisse. Heureusement pour la logique du Code, il n'en est rien : ce n'est pas le fils, c'est le descendant qui réduit l'enfant naturel au tiers de ce qu'il aurait eu, étant légitime ; le descendant en général, quand même il ne viendrait pas par représentation ; ce point ne fait pas de doute. Ce n'est point seulement le père, c'est tout ascendant qui exerce le droit de réduction à moitié, en vertu bien évidemment de la classe à laquelle il appartient ; car la représentation n'a jamais lieu en faveur des ascendants (art. 741), pas plus qu'en faveur des collatéraux de la quatrième classe, entre lesquels, quel que soit leur degré, il n'existe aucune différence dans la quantité dont ils réduisent l'enfant naturel. Ainsi l'éten-

due de ce droit de réduction dépend non du degré, mais
de la classe où se trouvent les héritiers ; ainsi les descendants des frères et sœurs, ne formant qu'une seule classe
avec ces derniers, doivent, même en venant de leur chef
et restant à leur degré naturel, exercer le même droit
de réduction que ces frères et sœurs.

La rédaction primitive de l'article 757, et ce dernier
argument est peut-être le plus fort de tous, n'accordait
la réduction à moitié qu'aux seuls ascendants, et confon-
dait sous le nom générique de collatéraux jusqu'aux frères
et sœurs eux-mêmes à qu'il n'accordait que la réduction
aux trois-quarts. La loi eût sanctionné ainsi la contradiction dont nous parlions plus haut, puisque les frères et
sœurs, tout en excluant les ascendants, n'eussent exercé
qu'un droit de réduction moindre. Les observations sen-
sées de M. de Maleville firent reconnaître le vice, et sur
la proposition de Cambacerès, la rédaction primitive fut
remplacée par celle qui nous régit aujourd'hui, et qui
assimile quant à l'étendue de la réduction les frères et
sœurs aux ascendants. Or, la contradiction subsisterait
si toute la classe des frères et sœurs n'était pas comprise,
explicitement ou implicitement, dans cette correction de
la rédaction première, donc, puisque c'est cette antinomie que le législateur a voulu éviter, les descendants
des frères et sœurs ne peuvent pas exercer un droit de
réduction plus faible que les ascendants, donc, en concours avec eux, l'enfant naturel ne prend que la moitié
et non les trois quarts de la succession.[1]

---

1. Voyez Maleville, sur l'art. 757 ; Aubry et Rau, §. 605, note 9 ; Duranton,
VI, 238 ; Toullier, IV, 254. Voyez aussi un arrêt de la cour de Pau, 4 août

4. Avec des collatéraux et des ascendants à la fois.

Toute hérédité, en l'absence de descendants légitimes, se divise par moitié entre les parents de la ligne paternelle et ceux de la ligne maternelle, de telle sorte que la classe antérieure n'exclue la postérieure que dans la ligne qu'elles représentent tous deux. D'après cette règle, si le défunt ne laissait aucun frère germain, mais des frères consanguins et des collatéraux de la ligne maternelle, l'hérédité devrait se diviser par moitié entre les deux lignes. Mais l'art. 752, par une exception favorable aux frères, établit que quand même, n'étant que consanguins ou utérins, ils ne représenteraient en réalité qu'une des lignes, ils excluraient, même dans l'autre ligne, tous parents des classes postérieures. La possibilité de concours entre deux classes différentes, grâce à la division des lignes, n'existe donc[1] qu'entre les ascen-.

1810, Sir., X, 2, 239. Il est vrai, d'un autre côté, que la doctrine opposée a été soutenue par plusieurs auteurs : Grenier, Des donations, II, 667; Loiseau, page 651; Vazeille, sur l'art. 757, n° 6. Elle a été sanctionnée par des arrêts de Cours d'appel et même par la Cour de cassation. Riom, 29 juillet 1809, Sir., X, 2, 264; Rouen, 14 juillet 1840, Sir., XL, 2, 524; Req. rej. 6 avril 1813, Sir., XIII, 1, 161; Req. rej. 20 février 1823, Sir., XXIII, 1, 166; Req. rej. 28 mars 1833, Sir., XXIII, 1, 284. Mais ces autorités, quelque respectables qu'elles soient, nous semblent s'être trop attachées à la lettre morte de la loi; et leurs motifs n'affaiblissent en rien la gravité des arguments que nous avons présentés.

1. Il peut encore y avoir concours entre les frères, sœurs ou descendants d'eux et les père et mère ou l'un d'eux. Mais d'abord, outre qu'il ne s'agit pas de division entre les deux lignes, ce ne sont pas, en réalité, deux classes qui concourent entre elles, puisque ce n'est pas en vertu de sa classe, mais en vertu de son titre de père, que celui-ci concourt avec des frères ou sœurs; ensuite ce cas n'a pas d'importance ici, puisque, les père et mère concourant ou non, le titre de réduction de l'enfant naturel ne s'en trouve pas changé.

dants et les collatéraux de la quatrième classe. Un père
ou grand-père paternel, en concours avec des arrière-
cousins de la ligne maternelle, ne prend que la moitié
de la succession ; l'autre moitié appartient aux collatéraux de l'autre ligne, fussent-ils au douzième degré.
Quelle sera dans ce cas la position de l'enfant naturel ?
En concours avec l'aïeul seul, il ne prendrait que la
moitié de l'hérédité ; avec les seuls collatéraux, il en
prendrait les trois quarts. En concours à la fois avec des
ascendants et des collatéraux, sera-t-il réduit par eux
d'une manière uniforme ou par chacune des deux classes
dans la mesure spécifiée par la loi ?

Et, d'abord, quel est le mode uniforme qu'on voudrait employer ? La réduction à moitié ? mais l'enfant
naturel n'est pas seulement en présence d'ascendants, il
est aussi en présence de collatéraux dont le concours fixe
sa portion aux trois quarts ; il serait donc lésé dans ses
droits. Aux trois quarts[1] ? mais l'ascendant, invoquant
également l'art. 757, qui lui confère le droit de réduire
l'enfant naturel à moitié, serait lésé à son tour. Aucun
de ces modes n'est donc admissible. L'ascendant a la
réduction à moitié ; le collatéral n'a que la réduction aux
trois quarts, telle est la disposition expresse de la loi. Le
moyen le plus simple et le plus équitable de sortir de
cette difficulté, est précisément de ne rien changer à la
loi, de faire réduire l'enfant naturel à moitié par l'ascendant, aux trois quarts par les collatéraux, de lui faire

---

1. Ce second mode n'est soutenu par personne. Nous le mettons à dessein
en face du premier, parce qu'il pèche par le même défaut, en le rendant
plus sensible, et que combattre l'un, c'est combattre l'autre.

prendre par conséquent une moitié de la moitié qui revient à la ligne paternelle représentée par l'ascendant, les trois quarts de la moitié qui revient à la ligne maternelle représentée par les collatéraux, et, en additionnant, de fixer sa part à $\frac{5}{8}$ de toute l'hérédité [1], au lieu de $\frac{4}{8}$ ou $\frac{6}{8}$, fraction trop petite ou trop grande à laquelle on arrive par le système opposé.

Cette doctrine n'établit pas, quoi qu'on en ait dit [2], de distinction contraire au texte de l'art. 757; comme la loi n'a pas résolu explicitement le point en question, ce serait au contraire faire une distinction très-hasardée que de contrevenir à cet article en faveur des collatéraux uniquement parce qu'un ascendant a droit à la moitié de la succession; c'est nous qui respectons la lettre de la loi, puisque nous ne cherchons à la suppléer par aucune innovation, et que nous rendons aux ascendants ce que la loi donne aux ascendants, aux collatéraux ce qu'elle donne aux collatéraux. Mais, dit-on, il est évident que l'intention du législateur n'a point été de subordonner la fixation de la part de l'enfant naturel au partage de la succession entre les parents légitimes; vous êtes donc en opposition avec l'esprit de la loi. Nous ne nous occupons pas du partage, répondrons-nous; ce n'est pas au mode

---

1. Il faudrait se garder, cependant de prélever cette part sur l'hérédité, envisagée comme masse commune à partager ensuite entre les parents légitimes. Il arriverait, ce que notre procédé a pour but d'éviter, que l'ascendant en souffrirait et que les collatéraux seraient avantagés au delà de leurs droits. C'est sur la moitié idéale revenant à chaque ligne que le calcul doit s'opérer à l'aide du prélèvement indiqué au texte.

2. Aubry et Rau, §. 605, note 11. Voyez aussi Duranton, VI, 287; Favard, Rép., v° Succ., IV, §. 1, n° 5.

par lequel les héritiers légitimes partageront leur part
commune que nous subordonnons cette fixation ; nous
la subordonnons, ainsi que l'art. 757 nous en fait une
loi, à la qualité de ces héritiers; nous nous souvenons
que si la loi a établi une échelle plus ou moins favorable,
suivant la nature et la proximité de la parenté, c'est
qu'elle voulait que cette graduation fût respectée d'une
manière absolue, et que l'enfant naturel, entre autres,
subît moins de préjudice des collatéraux de la quatrième
classe que des ascendants; c'est donc aller directement
contre l'esprit de la loi que de mettre sur le même rang
deux classes d'héritiers qu'elle a pris soin de différencier
formellement.

Mais, dira-t-on encore, les auteurs qui embrassent
cette doctrine[1] se contredisent nécessairement. Que la
ligne paternelle soit représentée par un ascendant et la
ligne maternelle seulement par des collatéraux autres que
frères ou sœurs, la première chose à faire, d'après eux,
sera la division de l'hérédité entre les deux lignes, après
quoi sur les $\frac{4}{8}$ de l'ascendant l'enfant naturel prendra $\frac{2}{8}$,
et sur les $\frac{4}{8}$ les collatéraux $\frac{3}{8}$. En poussant jusqu'au bout
leur système, il faudrait donc, dans le cas où il n'exis-
terait dans l'une des lignes aucun parent au degré successible et où le seul héritier légitime serait, par exemple,
un ascendant paternel, diviser l'hérédité par moitié,
donner à l'enfant naturel non-seulement la moitié de la
moitié qui revient à l'ascendant, mais encore la totalité
de la moitié attribuée à la ligne maternelle que ne

1. Voyez, en faveur de notre système, Toullier, IV, 253-256 ; Delvincourt, II, page 52; Dalloz, Jurispr. gén., v° Successions, pages 318 et 319.

représente aucun successible. Cette conséquence est inadmissible; aussi la rejette-t-on unanimement. Mais où est alors la cohérence de votre système? Ne vous êtes-vous pas enfermés vous-mêmes?

A cette objection la réponse est trop facile : quand l'hérédité se divise réellement entre les deux lignes, la moitié seulement, abstraction faite de l'enfant naturel, est attribuée à l'ascendant; peu importe à ce dernier la fraction plus ou moins grande que l'enfant naturel prélèvera sur la moitié revenant à l'autre ligne, puisque l'ascendant n'a rien à prétendre dans cette ligne tant qu'il s'y trouve des parents au degré successible. Mais quand il ne s'en trouve pas, qu'arrive-t-il? L'art. 755, alinéa 2, nous répond : « A défaut de parents au degré successible dans une ligne, les parents de l'autre ligne succèdent pour le tout. » Il s'opère une dévolution d'une ligne dans l'autre, ou, pour mieux dire, il n'y a pas eu de division entre les deux lignes. Ce n'est donc pas, comme on semble à tort le supposer, avec une ligne paternelle où se trouve un ascendant (ce qui réduirait l'enfant naturel à moitié vis-à-vis de cette ligne); et avec une ligne maternelle où il ne se trouve personne (et qui ne donnerait lieu par suite à aucune réduction), que l'enfant naturel entre en concours; c'est avec un ascendant qui hérite pour le tout et non pas seulement pour moitié, qui, par conséquent, sera le seul élément fixatoire avec l'enfant naturel lui-même, de la part définitive de celui-ci.

Ainsi, la prétendue inconséquence qu'on nous reproche, s'évanouit totalement; le système défendu par nous, tout

en protégeant les enfants naturels, respecte scrupuleuse-
ment les intérêts parfaitement définis des héritiers légitimes, et outre qu'il ne lèse aucun droit et qu'il est le
seul système équitable, ainsi que l'avouent les auteurs
mêmes[1] qui nous combattent, nous croyons avoir démontré qu'il était en même temps le seul qui fût com-
patible avec l'esprit et même avec la lettre de la loi.

C) Du droit d'accroissement relativement à l'enfant naturel.[2]

Le droit d'accroissement tel que l'établit l'art. 786 (*in
princip.*) est le droit qu'ont les cohéritiers d'augmenter
leur portion de la part de celui ou de ceux d'entre eux
qui renoncent à la succession; cette part se partage par
tête[3] entre les cohéritiers acceptants; ou plutôt, le renonçant étant considéré comme n'ayant jamais été héritier
(art. 785), le partage doit se faire uniquement entre les
acceptants. Or, tous les cohéritiers (*sensu stricto*) ont des
droits égaux; il importe donc peu, dans cette hypothèse,
qu'ils recommencent le partage sans tenir compte du
renonçant ou qu'ils partagent seulement la part aban-
donné par celui-ci.

Ce droit d'accroissement existe-t-il au profit de l'enfant
naturel? Il est tout d'abord évident que l'art. 786, ne
parlant que de cohéritiers ayant des droits égaux, ne

---

1. Aubry et Rau, *loc. cit.*

2. Tout ce paragraphe serait, à la rigueur, inutile; les principes que nous
y développons ne sont que les stricts corollaires des principes précédemment
exposés; ils serviront néanmoins à les compléter et à les mettre mieux en
lumière.

3. Ou par souche, si la représentation a lieu.

proportion qu'on ne peut trouver qu'en recommençant le partage (voy. le numéro précédent), abstraction faite du renonçant. Ainsi que sur trois enfants légitimes qui eussent réduit l'enfant naturel à $\frac{1}{12}$, l'un renonce, l'enfant naturel s'accroîtra d'$\frac{1}{36}$, c'est-à-dire que, n'étant plus en concours qu'avec deux enfants légitimes, il aura droit à $\frac{1}{9}$. Il en est de même quand au lieu d'enfants vivants ce sont des souches représentées par des descendants plus éloignés.

2° Mais quand ces descendants, par suite de la renonciation de l'enfant légitime, viennent de leur propre chef à la succession, l'augmentation de l'enfant naturel est beaucoup plus forte, ainsi que nous l'avons montré en traitant de son concours avec les différentes classes d'héritiers. En pareil cas, effectivement, il a droit au tiers de toute l'hérédité.

2. En présence d'héritiers autres que les descendants.

Quand il n'y a pas de descendance et que l'une des autres classes vienne à la succession, il n'y a pour l'enfant naturel d'accroissement possible qu'au cas où la renonciation de l'héritier légitime aurait pour effet de saisir des héritiers de la classe suivante moins favorisée que la sienne. En effet, on ne consulte pour fixer les droits de l'enfant naturel ni le nombre ni même le degré de ces héritiers ; on ne prend que leur qualité en considération ; les ascendants et frères ou sœurs réduisent à moitié ; ainsi, quel que soit leur nombre, que la renonciation ait pour effet de diminuer le nombre des cohéritiers du renonçant ou même de faire passer la succession au degré subséquent,

pourvu que les acceptants soient au nombre de ceux dont
le concours réduit l'enfant naturel à la moitié de la succession, la part de celui-ci sera invariablement la même et ne
sera susceptible d'aucun accroissement. Ainsi également
les renonciations des collatéraux ne profiteront qu'à leurs
seuls cohéritiers légitimes du même degré, ou, s'ils sont
seuls, du degré subséquent. Tant qu'il restera un collatéral au degré successible, l'enfant naturel sera réduit
par lui aux trois quarts de la succession.

b) En cas de dévolution d'une classe à l'autre.

Quand une renonciation a pour effet de transférer
l'hérédité à la classe subséquente, l'enfant naturel, à
moins que des ascendants n'aient été saisis par la renonciation de frères ou sœurs, cas auquel sa position reste
la même, arrive en vertu de la loi à une part plus grande
que si cette résolution n'eût pas eu lieu. En concours
avec un enfant légitime, il n'avait droit qu'au tiers de ce
qu'il aurait eu s'il avait été légitime; que cet enfant légitime renonce et qu'un frère ou un neveu arrivent par
là à la succession, ce n'est plus seulement au tiers, c'est
à la moitié de sa portion légitime qu'il a droit. Que par
la renonciation de ce neveu, un cousin soit saisi de
l'hérédité, cette part s'élèvera encore et montera aux trois
quarts de la succession. Cette décision est conforme à
l'art. 757 et à l'esprit qui l'a dicté. En vain dirait-on que
le droit de l'enfant naturel est fixé dès l'ouverture de la
succession par la qualité les héritiers laissés par le défunt,
et qu'il ne peut, en conséquence, se prévaloir d'une
renonciation qui ne doit profiter qu'aux héritiers légi-

times; cette objection tombe devant l'examen sérieux de l'art. 757, dont la gradation, ainsi que nous l'avons déjà démontré, avantage l'enfant naturel en raison inverse de la faveur que méritent les différentes classes d'héritiers; ce serait donc léser ses droits que de le supposer pour leur fixation, en concours avec un héritier qui, en réalité, est parfaitement étranger à la succession, pour avantager d'autant, contrairement à la loi, des héritiers qui ne peuvent exercer qu'une réduction plus faible. L'héritier qui renonce est censé n'avoir jamais été héritier; il n'a donc pu réduire la portion de l'enfant naturel, puisque cette réduction, servant à protéger son droit d'héritier, dont elle est l'un des éléments, est au nombre des droits qu'il a abdiqués par le fait de sa renonciation.

Ce droit de ne pas décroître reçoit sa dernière consécration de l'art. 758. S'il ne se trouve aucun successible pour profiter de la renonciation, l'enfant naturel n'étant plus réduit par aucune classe d'héritiers, en profitera lui-même et héritera, en vertu de cet article, de la totalité des biens.

2. Renonciation d'un frère naturel.

Nous avons montré (p. 89) dans quelle proportion la survenance d'un frère naturel ou de plusieurs nuisait à l'enfant naturel, question parfaitement corrélative à celle qui nous occupe en ce moment. Si plusieurs enfants légitimes et plusieurs enfants naturels sont en présence, et que l'un de ceux-ci renonce ou soit déclaré indigne, sa part, strictement, n'accroîtra ni aux uns ni aux autres,

mais elle profitera à tous pour autant que l'acceptation
leur eût enlevé. Or, chaque enfant naturel enlève à ses
frères naturels autant que s'il était légitime. Par conséquent, la part des enfants naturels s'accroît autant par
la renonciation d'un enfant naturel que par celle d'un
enfant légitime. Trois enfants légitimes et trois enfants
naturels sont en présence, chacun de ceux-ci a droit à
$\frac{1}{18}$, si l'un des légitimes renonce, chaque enfant naturel
aura droit à $\frac{1}{15}$, si c'est un des enfants naturels qui renonce, le calcul étant le même, les deux acceptants auront
encore droit chacun à $\frac{1}{15}$.

Si, au contraire, les enfants naturels ne sont en concours qu'avec des parents autres que les descendants légitimes, la renonciation d'un des enfants naturels ne
produit d'accroissement que pour les enfants naturels et
nullement pour les parents légitimes. Nous avons vu, en
effet, que, quel que fût le nombre des enfants naturels,
ils prenaient toujours toute la moitié de la succession
quand les héritiers sont des ascendants et des frères et
sœurs, les trois quarts quand ce sont des collatéraux.
Qu'un des enfants naturels renonce, la part des parents
légitimes restera la même; celle des enfants naturels, en
masse, restera la même aussi, et la part du renonçant accroîtra aux autres par portions égales, car entre eux ils sont
non comme des successeurs irréguliers, mais comme des
cohéritiers, et l'art. 786 leur devient applicable dans
cette hypothèse.

     D.) Si l'enfant naturel empêche le retour légal de l'ascendant.

Une dernière question dont la solution influe sensi-
blement sur la quotité des droits de l'enfant naturel est

de savoir si l'article 747 qui accorde à l'ascendant un
droit de retour légal sur les biens par lui donnés à l'enfant mort sans postérité, a compris sous ce dernier terme
aussi bien la postérité naturelle que la postérité légitime,
et si par conséquent la présence d'un enfant naturel
empêche l'exercice du retour successoral.

La réponse à cette question se trouvera encore dans
l'article 757. Montrons d'abord qu'une solution absolue
soit affirmative, soit négative, est impossible ; l'article
cité nous dira ensuite dans quelle mesure l'enfant naturel
devra restreindre l'exercice du retour légal.

Dire qu'il l'empêche complétement, c'est l'assimiler
à un enfant légitime contre les droits de l'ascendant.
Cette assimilation absolue, reposant sur une entente con-
fuse du mot *postérité*, lésant d'ailleurs des droits protégés exceptionnellement par la loi, n'est pas soutenable.
Dire au contraire que le législateur n'a eu en vue que
la postérité légitime et que la postérité naturelle ne peut
pas mettre obstacle au retour successoral, c'est méconnaître l'analogie qu'établit la loi même entre l'enfant légitime et l'enfant naturel, c'est oublier que le droit de
celui-ci n'est au fond que le droit de celui-là ; fractionné
il est vrai, parce qu'il est bâtard, mais semblable, parce
qu'il est fils ; c'est rayer enfin l'article 757 qui proclame
à la fois cette analogie et cette différence. L'enfant naturel, dit cet article, prendra le tiers, la moitié, etc.,
de ce qu'il aurait eu s'il avait été légitime. Or, dans
l'espèce, qu'aurait-il eu, s'il avait été légitime ? Toute la
succession, sans distinction de biens propres ou de
biens donnés, et l'ascendant n'aurait pu invoquer contre

lui le retour successoral. Doit-il décheoir entièrement, parce qu'il n'est que naturel, de ce droit d'empêcher le retour? Non, évidemment, mais il ne l'exercera que partiellement; il n'empêchera pas, il restreindra l'exercice du retour légal; sa quote-part dans la masse des biens sujets à réversion se fixera d'après les mêmes principes que sa quote-part dans l'hérédité tout entière, ou pour mieux dire, on n'aura, pour la fixation de sa part, aucun égard à la division de l'hérédité en masse héréditaire proprement dite, et masse sujette à réversion. L'enfant naturel prendra la moitié de toute la succession s'il est en concours avec l'ascendant ou avec des frères et sœurs, les cinq huitièmes s'il est en concours avec un ascendant dans une ligne et avec des collatéraux de la quatrième classe dans l'autre ligne, et l'ascendant ne prendra à titre de réversion que la moitié des biens qui lui seraient retournés en l'absence d'une postérité quelconque.

On a invoqué, pour contredire cette doctrine, les dispositions des articles 351 et 960. L'article 351 est relatif au retour qui s'opère en faveur de l'adoptant ou de sa descendance sur les biens par lui donnés à l'adopté qui meurt sans postérité légitime. L'article 960 parle des donations entre vifs et porte qu'elles seront révoquées de plein droit par la survenance d'un enfant légitime du donateur. On prétend conclure par analogie que les enfants naturels n'empêchent en aucune façon le retour légal de l'ascendant. Quant à l'article 351, l'objection n'a pas grande valeur; autre, en effet, dans les rapports successifs, est l'ascendant, autre est l'adoptant. L'ascendant jouit outre son droit de retour, de droits suc-

cessifs proprement dits; l'adoptant, au contraire, n'est
pas héritier et n'exerce de droits successifs qu'à titre de
retour et sur les biens seulement qu'il a donnés à l'adopté;
les dispositions à titre gratuit de la part de l'ascendant
ne sont le plus souvent que l'exécution d'une obligation
naturelle, telle que celle de doter ses enfants, de leur
fournir un établissement, etc.; obligations résultant des
liens qu'engendre la parenté naturelle et rendues plus
étroites encore quand ces rapports sont consacrés par
une filiation légitime; l'adoptant, au contraire, n'était
tenu en lui-même ni à l'adoption ni aux libéralités faites
à l'adopté; c'est grâce pure de sa part et non l'exécution
d'une obligation naturelle. Ces raisons démontrent suffisamment que la loi devait faire à l'adoptant une position
meilleure qu'à l'ascendant, et lui donner des compensations plus larges. Rien d'étonnant, par conséquent, à
ce que l'enfant naturel qui restreint dans les limites
fixées par l'art. 757 l'exercice du retour légal de l'ascendant, ne restreigne pas celui de l'adoptant.

Le second argument *a pari* qu'on prétend tirer de
l'art. 960 n'est guère plus heureux. Les hypothèses d'a-
bord n'ont aucun rapport entre elles; l'art. 747 traitant
d'un mode particulier de succession, et l'art. 960 de la
révocation des donations pour survenance d'enfant. La
loi ensuite ne pouvait guère étendre cette cause de révocation à la survenance d'un enfant naturel; il eût été
trop facile au donateur, par une reconnaissance d'enfant
naturel, d'éluder ainsi le principe important de l'irrévocabilité des donations; trop difficile au donataire de
prouver la fausseté de cette reconnaissance. Le principe

d'irrévocabilité ne devait céder qu'au besoin d'assurer l'intégrité des droits de la famille et de la descendance légitime. Ainsi, point d'analogie entre cette hypothèse et la nôtre; non-seulement la matière est essentiellement différente, mais la disposition qu'on nous oppose est encore formellement restreinte à la seule descendance légitime. L'art. 960, aussi bien que l'art. 351, excluant par le fait la descendance naturelle, ne laisse pas de prise à la discussion, tandis que l'article **747** ne parlant que de *postérité*, sans ajouter *légitime*, laisse par là-même le champ libre à l'interprétation, et toute proportion gardée, comprend dans sa généralité aussi bien la postérité naturelle que la postérité légitime.[1]

CHAPITRE III.

De la représentation.

La représentation peut s'entendre de deux manières: droit d'être représenté, ou représentation passive; droit

---

1. On oppose encore l'art. 766 *in fine* : l'enfant naturel n'a aucun droit sur les biens des parents de ses père ou mère. Or, dit-on, lui accorder le droit d'empêcher ou seulement de restreindre l'exercice du retour légal, serait lui accorder, contrairement à cet article, un droit sur les biens de l'ascendant. Cette assertion, qui serait spécieuse en Droit romain, où le retour légal s'exerçait par suite d'une espèce de caducité, n'est d'aucune valeur dans le Droit actuel, qui se rapproche beaucoup plus du Droit coutumier que du Droit romain, et d'après lequel le retour s'exerce à titre de succession (art. 747). La doctrine est à peu près unanime sur ce point. Les biens sujets au retour sont sortis du patrimoine du donateur et entrés irrévocablement dans celui du *de cujus* ; ils ne doivent être envisagés, à l'égard de l'enfant naturel, que comme une partie de la succession. La plupart des auteurs sont d'accord avec nous sur les principes que nous soutenons : Chabot, sur l'art. 747, n° 14; Belost-Jolimont, sur Chabot, obs. 2; Delvincourt, VI, page 40 ; Toullier, II, 240; Duranton, VI, 219; Aubry et Rau, §, 608, note 15. Voyez cependant un arrêt de la Cour de cassation du 5 juillet 1832.

de représenter ou représentation active. La loi ne s'occupe que du premier point de vue pour les enfants naturels : l'art. 759 statue qu'en cas de prédécès de l'enfant
naturel, ses enfants ou descendants pourront réclamer
les droits que lui-même, s'il était vivant, ferait valoir
dans la succession paternelle ou maternelle. A cette hypothèse se bornent les dispositions explicites de la loi ; il
faudra donc chercher dans son ensemble de quoi les compléter, et combiner les dispositions de droit commun et
de droit exceptionnel pour arriver à la solution des différentes questions qui se présenteront. Nous avons à examiner si l'enfant naturel a le droit d'être représenté par
sa descendance légitime dans la succession paternelle, si sa
descendance naturelle jouit d'un droit actif analogue; si, en
général, la représentation active s'applique aux seuls enfants légitimes, ou s'il faut l'étendre aux enfants naturels.

1° *De la descendance légitime de l'enfant naturel.* Quand
l'enfant naturel meurt avant son père, la portion qui lui
eût été dévolue conformément à l'art. 757, appartient
aux enfants ou descendants légitimes qu'il délaisse. Est-
ce à titre de représentation, et n'est-ce qu'à ce titre? Cette
question, importante par elle-même, l'est surtout parce
que sa solution influera sur celle que nous donnerons à
la représentation des enfants naturels. Voici les termes
dans lesquels l'art. 759 est conçu : « En cas de prédécès
de l'enfant naturel, ses enfants ou descendants peuvent
réclamer les droits fixés par les articles précédents. Chabot
(sur l'art. 759) et d'autres auteurs ont soutenu, en se
fondant sur ces mots : « en cas de prédécès », que les descendants légitimes de l'enfant naturel n'arrivaient à la

succession de l'aïeul que par représentation, et non de
leur chef; que, par conséquent, si l'enfant naturel dé-
faillait par une autre cause que la mort, s'il était déclaré
indigne ou s'il renonçait, ses enfants légitimes ne pouvaient recueillir sa part. Plusieurs motifs nous empêchent
de nous rendre à cette opinion. L'expression *en cas de
prédécès*, ne doit pas, comme le font, remarquer MM.
Aubry et Rau (t. IV, p. 214), être prise à la lettre; le
législateur s'en sert comme équivalent des termes *à défaut de : lex statuit de eo quod fit plerumque*. Une règle
générale, du reste, gouverne la matière, c'est que la représentation n'est accordée à personne s'il n'est successible. Ce n'est pas une simple remarque induite d'hypothèses particulières, car dans ce cas elle devrait céder
devant des hypothèses différentes, c'est un principe fondé
en raison et en droit. La représentation, en effet, ne
fonde pas le titre en vertu duquel on succède, tout au
plus l'augmente-t-elle, en mettant le représentant au
degré du représenté. Il est donc fort juste de dire que nul
ne peut recueillir par représentation une hérédité à laquelle, en l'absence d'héritiers plus proches, il n'eût pas
été appelé de son chef[1]. De là nous pouvons déduire
avec certitude que la loi, reconnaissant un rapport de
successibilité directe entre l'aïeul et les enfants légitimes
de son enfant naturel, n'a pas entendu borner leurs
droits successifs au cas de prédécès de leur père, mais,
au contraire, les en faire jouir à quelque titre qu'ils
viennent, de leur chef ou par représentation. Ajoutons
que la fiction de représentation ne se borne pas au pre-

---

[1]. Belost-Jolimont, sur Chabot, obs. 3 sur l'art. 759.

mier degré des enfants légitimes, et qu'elle devra se rami-
fier à l'infini comme dans les successions ordinaires.

2° *De la descendance naturelle, soit d'un enfant légitime, soit d'un enfant naturel.* Le fils naturel d'un enfant
légitime n'est uni par aucun lien aux parents de son
père. Point de successibilité entre eux et lui, par conséquent, point de représentation. Ce point n'a jamais fait
difficulté. Le fils naturel d'un enfant naturel a-t-il plus de
droits et devra-t-il bénéficier, sous la restriction de sa
propre illégitimité, des dispositions de l'art. 759 ? Répondre affirmativement, ce serait, disons-le dès l'abord,
accepter une contradiction singulièrement choquante.
Comment croire que la loi ait voulu augmenter les droits
en raison directe de l'illégitimité et moins favoriser les
enfants naturels d'un enfant légitime qu'un enfant naturel à la seconde puissance !

Cependant, cette antinomie mise à part, examinons la
question en elle-même. L'enfant naturel d'un enfant naturel le représente-t-il dans la succession paternelle, ou
plus généralement, puisque la représentation ne va pas
sans la successibilité, succède-t-il à son aïeul ? Différents
auteurs [1], arguant de la généralité où reste l'art. 759 et
des observations de Cambacérès au Conseil d'État, répondent affirmativement à cette question. Notre première
pensée, s'il faut le dire, avait cru voir l'équité et le droit
positif se réunir en faveur de leur opinion. L'équité : Si
le père avait survécu à l'aïeul, l'enfant naturel eût hérité
du père et en fin de compte de l'aïeul, au moins pour

---

1. Maleville, sur l'art. 759; Delvincourt, II, p. 22; Favard, Rép., v° Succession, sect. IV, §. 1, n° 14.

partie. Que fait-on en lui accordant le droit de représenter le père prédécédé, sinon de remplir le vœu de la
loi qui, dans les successions ordinaires, ressuscite pour
ainsi dire le père pour ne pas déshériter l'enfant, et qui
n'a pu vouloir priver entièrement l'enfant naturel de ce
bénéfice. Le droit positif : les droits de l'enfant naturel
étant le calque amoindri, mais fidèle, de ceux de l'enfant
légitime, il nous semblait juste et juridique de lui donner
une part dans la représentation comme il en avait une
dans la succession. En concours avec des collatéraux de
l'aïeul, une application rigoureuse de l'art. 756 est-elle
bien équitable ? En lui donnant la moitié de la moitié
qu'aurait prise son père s'il avait eu le temps d'hériter,
il resterait encore trois quarts aux collatéraux. En concours avec des frères légitimes du père, la présomption
nous paraissait plus forte encore ; avec ses propres frères
légitimes, n'était-ce pas mentir aussi bien à l'art. 757
qu'à l'art. 759, que de lui refuser dans cette succession
de l'aïeul le tiers de sa portion virile, alors que ses frères
prenaient leur portion entière, quand on songe surtout
que l'enfant naturel (le père) est un réservataire, et peut
jusqu'à un certain point, être considéré comme copropriétaire du patrimoine de l'aïeul, même pendant la vie
de celui-ci. Enfin, quand l'enfant naturel est en concours
avec des oncles naturels, la probabilité se changeait
presque en nécessité. Si même parents légitimes et naturels faisaient défaut, il n'y avait pas moyen, selon nous,
de lui refuser, à lui, descendant de l'unique héritier,
le droit d'arriver, en représentant son père prédécédé, à
la succession de l'aïeul.

Et cependant c'est à cette conclusion qu'il a bien fallu nous arrêter. Nous glissions sur une pente irrésistible ; d'extensions en extensions, toutes légitimes, si le point de départ l'était, nous étions obligé de donner un droit de représentation à l'enfant naturel de l'enfant légitime et à l'enfant naturel des frères et sœurs légitimes. Ce droit, il fallait le fixer, et sans base légale. Tout cela ne pouvait se faire sans forcer évidemment la loi. Le silence qu'elle garde en cette matière est un malheur ; mais aucun système ne serait assez simple pour qu'on pût le mettre sur le compte de l'intention tacite du législateur. On n'interprète le silence qu'à charge d'être court et clair. Quand un système s'érige en éclaireur d'une loi incomplète, s'il est compliqué, il est faux.

En présence donc de l'art. 756 qui ne donne pour parents à l'enfant naturel que son père et sa mère, de l'impossibilité d'accorder la représentation sans la successibilité, des contradictions choquantes ou des systématisations arbitraires auxquelles on aboutirait, nous sommes forcé de conclure que l'enfant naturel ne jouit pas du droit de recueillir, à défaut de l'enfant naturel son père, la part de celui-ci dans la succession de l'aïeul, et, pour généraliser, que si l'enfant naturel jouit de ce que nous avons nommé la représentation passive, il n'exerce en aucun cas et dans aucune mesure la représentation active.

En concluant ainsi, plutôt en désespoir de cause que par une conviction bien intime, nous persistons à croire qu'il y a dans cette partie de la loi une grande et regrettable lacune, d'autant plus regrettable que ni la doctrine ni la jurisprudence n'ont qualité pour la remplir.

CHAPITRE IV.

Du rapport.

Le rapport, en succession ordinaire, est l'obligation de rapporter à la masse ce que le défunt en avait distrait à titre gratuit, par acte entre vifs ou testamentaire, au profit de l'un de ses successibles. En d'autres termes, le donataire ou le légataire, qui se trouve en même temps héritier de l'auteur de cette disposition, ne peut cumuler les émoluments de cette double position, sans qu'il y ait néanmoins, dans le droit actuel, incompatibilité absolue entre la position de donataire ou légataire et celle d'héritier. Cette incompatibilité plus ou moins stricte, établie par la plupart des Coutumes, a été rejetée par le Code, avec ce double effet de permettre, d'une part, à l'héritier avantagé de retenir son legs ou sa donation en renonçant à la succession, conciliation que les Coutumes d'*égalité* n'avaient pas admise, de permettre d'autre part au disposant d'affranchir l'héritier avantagé de l'obligation du rapport et de maintenir par cette dispense la répartition inégale qu'il avait en vue. Ces distinctions étaient admises aussi bien dans les Coutumes dites de *préciput* que dans le Droit romain, dont la *collatio* ne différait en général du rapport qu'en ce qu'elle ne s'appliquait qu'aux descendants et n'avait pour objet que les donations entre vifs.

Le rapport a donc pour but d'assurer entre les co-héritiers la proportion normale, fixée par la loi. Cette proportion, pour les successions régulières, n'est en gé-

néral autre chose que l'égalité, si bien que, quand la
législation adopte les conséquences rigoureuses de ce
principe[1], chacun peut disposer au profit d'étrangers
dans les limites de la quotité disponible sans pouvoir
disposer d'une façon quelconque en faveur de l'un de
ses successibles. La loi du 17 nivose, an II, consacrait
le respect absolu de l'égalité; celle du 4 germinal an VIII
en affranchit le testateur ou donateur et lui permit d'a-
vantager ses successibles dans la même mesure que s'ils
étaient des étrangers.

Voilà pour la succession ordinaire; mais d'héritiers
légitimes à successeurs irréguliers, il n'en est pas ainsi:
non-seulement, comme nous l'avons vu, la proportion
normale de leurs parts n'est pas l'égalité, mais au contraire une inégalité graduée d'après la classe des héritiers
légitimes; non-seulement l'enfant naturel est tenu d'imputer sur sa part dans la succession tout ce qu'il a reçu
du défunt par acte entre vifs ou testamentaire, mais il
ne peut même rejeter sa qualité de successeur *ab intestat*
en vue de conserver sa donation ou son legs[2]; il n'est
admis à faire valoir aucune dispense de rapport émanée
du défunt; l'ancien principe d'incompatibilité absolue est
ressuscité pour lui; l'art. 908 qui semble inspiré de la
loi de nivose moins la loi de brumaire, vient ajouter à
l'inégalité que décrète l'art. 757, toute la rigueur des

1. Pothier, Successions, chap. IV, art. 2; Lebrun, Successions, l. III,
chap. VI, sect. II, n°s 21 et 43; loi du 17 nivose an II, art. 9 et 16.

2. Non, évidemment, en ce sens que l'enfant naturel soit une espèce *d'heres
necessarius*, et ne puisse opter, comme tout autre successeur, entre l'acceptation et la renonciation, mais en ce sens qu'une pareille renonciation serait
complétement vaine en présence de l'art. 908.

régimes d'égalité; peu importe que la disposition ne lèse aucun héritier réservataire; tel collatéral, désarmé devant l'acte qui le déshérite au profit d'un étranger, triomphe au contraire et fait annuler l'acte s'il dispose en faveur d'un fils naturel reconnu.

Le principe absolu, renfermé dans l'art. 908, peut s'énoncer ainsi : la part successorale de l'enfant naturel, déterminée dans sa latitude par l'art. 757, est en même temps son maximum d'émolument. Par conséquent, tout ce qui dépassera ce maximum, appartiendra aux héritiers légitimes. De là la différence profonde qui distingue le rapport des parents légitimes de celui des enfants naturels.

Nous examinerons d'abord le rapport que doit faire l'enfant naturel, les choses sur lesquelles il porte et la manière dont il s'effectue, puis nous parlerons du rapport auquel il a droit de la part de ses cosuccesseurs.

A) Du rapport dû par l'enfant naturel.

1. Des choses sujettes à rapport.

L'enfant naturel, dit l'art. 760, est tenu d'imputer sur ce qu'il a droit de prétendre, tout ce qu'il a reçu du père ou de la mère dont la succession est ouverte. Négligeons pour le moment le terme « imputer, » dont nous expliquerons la portée un peu plus loin; il suit de cet article que l'enfant naturel doit rapporter à la masse héréditaire tout ce qu'il a reçu de son auteur à titre gratuit, c'est-à-dire laisser dans l'hérédité les biens à lui légués, rapporter la valeur des biens à lui donnés, pour

17

que, réunis à la masse, ils soient partagés comme elle et avec elle dans la proportion légale entre tous les ayants droit.

Quant aux choses sur lesquelles porte cette obligation de rapport, il existe, entre le parent légitime et l'enfant naturel, une notable différence, toute à l'avantage du premier.

L'art. 760, *in fine,* semble, il est vrai, établir, dans cette matière, une similitude parfaite entre l'enfant légitime et l'enfant naturel. Celui-ci, d'après l'article cité, doit imputer tout ce qu'il a reçu de son père et de sa mère, « et qui serait sujet à rapport, d'après les règles établies à la section II du chap. VI du présent titre. » Mais il est nécessaire de combiner avec cet article l'art. 908, qui défend de rien donner aux enfants naturels qui dépasse leur portion héréditaire.

De la combinaison de ces textes résultent les effets suivants :

I. Tout ce qui serait sujet à rapport pour le parent légitime, l'est aussi pour l'enfant naturel. Ainsi il devra rapporter toutes donations entre vifs, tant celles qui sont purement gratuites que les donations rémunératoires ou onéreuses, jusqu'à concurrence, du moins, de la libéralité qu'elles renferment[1], et sans distinguer les donations faites par acte spécial de celles qui seraient contenues dans un contrat de mariage[2]; il rapportera également les sommes déboursées pour son établissement par son père ou sa mère, et cette expression comprend tous frais

1. Zachariæ, §. 631.
2. Voyez, plus bas, l'exception portée à cette règle par l'art. 1573.

autres que ceux d'éducation, et destinés à assurer la position ou à faire marcher la profession de l'enfant naturel ; les sommes payées par le père pour acquitter ses dettes, celles d'entre elles, au moins, au paiement desquelles l'enfant naturel était légalement obligé ; le prix du remplacement militaire, quand ce remplacement a eu lieu dans l'intérêt même de l'enfant naturel, et non dans celui de la famille ; tous avantages faits ouvertement par le père à son enfant naturel, qu'ils renferment une libéralité directe ou indirecte, qu'ils résultent d'un contrat onéreux pour partie, ou d'un acte unilatéral tel qu'une renonciation à des droits quelconques [1], une remise de dette faite par le père à l'enfant, une démission donnée par le même en faveur de l'enfant, d'un office de notaire, d'avoué, etc.

II. Outre les cas que nous venons d'énumérer, et où l'obligation de rapport est commune à l'héritier légitime et à l'enfant naturel, ce dernier, par l'effet de l'art. 908, y est encore soumis dans des cas où cette obligation cesse pour l'enfant légitime.

L'art. 843 affranchit l'enfant légitime de l'obligation du rapport, quand le donateur ou testateur l'en a expressément dispensé. Cette dispense n'a pas besoin d'être littérale. La doctrine et la jurisprudence [2], interprétant le mot *expressément* de la manière la plus large, sont

---

1. Renonciation à une succession, par exemple, à un legs, à une communauté. Quant à la renonciation de la part du père à l'usufruit des biens de l'enfant naturel, elle constitue un avantage qui, comme nous le verrons, n'est pas sujet à rapport.

2. Melun, 18 prairial an XII, Sir., IV, 2, 159 ; Civ. rej. 25 août 1812, Sir., XII, 1, 386 ; Req. rej. 17 mars 1825, Sir., XXVI, 1, 70, etc.

unanimes à reconnaître que la dispense peut être virtuelle, et ressortir suffisamment du caractère et des circonstances de l'acte.

On range généralement au nombre des dispositions
virtuellement dispensées de rapport les dispositions uni-
verselles, qui indiquent une intention bien arrêtée d'exclure absolument les successibles non avantagés, les dispositions soumises à une charge de restitution, qui,
impliquant pour le grevé l'obligation de conserver et de
rendre, excluent par cela même toute idée de rapport,
les dispositions faites par voie de partage d'ascendant, et
celles, enfin, que le défunt a pris soin de céler ou de
déguiser, montrant par là sa volonté de soustraire les
biens qui sont l'objet de pareilles dispositions à la loi
d'égalité du partage et au rapport qui en est la conséquence.

Ces distinctions sont étrangères à la position de l'enfant naturel. N'ayant à prétendre que sa part successorale,
obligé de verser ou de laisser dans l'hérédité tout ce qui
dépasse cette part, sans que son père, formellement ou
virtuellement, puisse le relever de cette incapacité relative, l'enfant naturel ne peut arguer d'aucune dispense
de rapport soit littérale, soit virtuelle[1]; toute disposition excédant sa part, de quelque manière qu'elle ait été
faite, sera sujette à rapport; peu importe qu'elle soit

---

1. L'art. 918, qui contient une dispense implicite de rapport pour les biens
donnés avec réserve d'usufruit ou les aliénations à fonds perdu faites au profit
d'un successible en ligne directe, n'est donc pas non plus applicable à l'enfant naturel, car il aurait pour effet de lui attribuer une part supérieure à
sa part héréditaire.

universelle, grevée de substitution, contenue dans un partage d'ascendants, ou enfin déguisée sous la forme d'un contrat onéreux ou faite par interposition de personnes.

III. A part les différences naissant de l'article 908, parmi lesquelles il faut encore mettre la faculté qu'a l'enfant légitime, et que n'a pas l'enfant naturel, de s'affranchir du rapport en renonçant à la succession, la position de ce dernier, quant aux objets non soumis au rapport, est la même que celle de l'enfant légitime. Il ne devra pas plus que ce dernier rapporter les dons mentionnés en l'art. 352, dons que la loi exempte de rapport d'une manière absolue, soit à cause de leur peu de valeur, soit parce qu'ils étaient dus en vertu d'une obligation naturelle. Ces considérations militent aussi bien en faveur de l'enfant naturel qu'en faveur de l'enfant légitime; c'est à l'art. 852 que se réfère la restriction de l'art. 760 : « L'enfant naturel imputera.... tout ce qui serait sujet à rapport, d'après les règles » des successions ordinaires. Il ne devra donc imputer sur sa portion ni les frais de nourriture, d'entretien et d'éducation, ni ceux d'apprentissage et d'équipement, ni les dépenses faites pour ses noces, ni ce que l'art. 852 appelle les présents d'usage, et dont les tribunaux seraient libres, suivant les usages reçus et les autres circonstances, d'apprécier la mesure et l'opportunité. Les art. 853 et 854 sont également applicables à l'enfant naturel. Les profits retirés par lui de conventions passées avec son père, quand ces conventions ne présentaient aucun avantage indirect lorsqu'elles ont été faites, ceux notamment d'une association faite sans fraude entre eux et réglée par un acte authentique, ne devront pas être rapportés. Le rapport ne pèse que sur les biens transmis *animo donandi*, directement ou indirectement, jamais sur une plus-value résultant d'actes à titre onéreux, où, ainsi que le supposent les deux articles cités, la réciprocité des prestations était stipulée loyalement et qui excluaient toute intention de libéralité.

Sans vouloir approfondir toutes les questions de détail qui peuvent se présenter ici, nous citerons celles qu'on débat ordinairement. Le prix du remplacement militaire peut-il, dans certaines circonstances, être dispensé du rapport? En thèse générale, une pareille dépense retombe, comme nous l'avons dit plus haut, sur celui qu'elle exempte du service militaire. Mais s'il était prouvé que le but de ce remplacement était moins d'affranchir l'enfant naturel du service militaire que de garder à la famille un soutien nécessaire, l'enfant naturel, à notre avis, n'en devrait pas le rapport; il ne serait pas juste de lui faire supporter seul une dépense faite dans un intérêt commun. Une autre question est celle de savoir si les sommes consacrées à l'obtention de diplômes universitaires sont comprises sous la rubrique « frais d'éducation » et sont à ce titre affranchies du rapport. On s'accorde généralement à résoudre cette question dans le sens affirmatif; il n'est pas possible, en effet, de considérer ces frais de diplômes, de quelque grade qu'il s'agisse, comme des frais d'établissement. L'enfant naturel, dont l'éducation aurait coûté autant que celle de ses frères légitimes, devra-t-il, dans de certaines limites, le rapport de ces

frais d'éducation? M. Loiseau (p. 706) semble être de
cette opinion, parce que, dit-il, « l'enfant légitime doit
aspirer à une éducation plus distinguée que l'enfant naturel. » Il se trouverait sans doute des circonstances où
les tribunaux pourraient consacrer cette manière de voir;
mais nous doutons qu'elle se justifie en théorie. Ce serait
admettre en principe l'infériorité absolue de l'enfant naturel. Ce serait assimiler à une pure libéralité ce qui
porte à un haut degré le caractère d'obligation naturelle;
ce serait enfin établir une distinction que la loi n'a pas
établie, la loi assimilant, au contraire, d'une façon très-
générale, dans l'art. 760, l'enfant naturel à l'enfant légitime.

L'art. 1573 établit en matière de rapport une exception
qu'il ne faut pas confondre avec une dispense ordinaire,
car elle se fonde, non sur la volonté présumée du père,
mais sur une raison d'équité. D'après cet article, la fille
à qui son père a constitué une dot n'est pas tenue de la
rapporter, si son mari insolvable l'était déjà et n'avait ni
art ni profession lorsque cette dot a été constituée. Cette
exception doit être étendue à la fille naturelle, et la raison
en est fort simple: il ne s'agit pas ici d'une disposition
faite avec l'intention d'avantager la donataire au préjudice
des autres successibles; nous savons qu'une pareille intention, même formellement exprimée, serait impuissante
à étendre les droits de l'enfant naturel; l'exception de
l'art. 1573 est une conséquence des devoirs de la paternité. Le père a le droit d'accorder ou de refuser son consentement au mariage de sa fille [1]; en l'accordant, il

1. La constitution de dot emporte consentement, même quand la fille serait
majeure.

assume la responsabilité du choix qu'il consacre. Si les garanties qu'il a pour devoir d'exiger de son gendre futur, la fortune, ou à défaut d'elle une profession qui en tienne lieu, ne se rencontrent pas dans l'époux qu'il donne à sa fille, la loi le présume en faute et fait retomber la perte de la dot, non sur la fille, mais sur le père ou ce qui représente le père, c'est-à-dire sur la masse totale de l'hérédité. Ces raisons existent au même titre dans notre matière. En fait de consentement au mariage, le père naturel a les mêmes droits et, par conséquent, la même responsabilité que le père légitime; l'art. 1573 est donc applicable à la fille naturelle.

L'enfant légitime de l'enfant naturel, doit le rapport du don fait à son père, soit qu'il le représente dans le sens juridique du mot, soit qu'il vienne de son chef. La distinction qu'établit l'art. 848 ne lui est pas applicable. Quand même, en effet, il viendrait de son chef à la succession de son aïeul, la quotité à laquelle il a droit est invariable; il ne peut recueillir d'une manière ou de l'autre que la part que son père aurait prise. Appliquer l'art. 848 à l'enfant légitime de l'enfant naturel, serait donc porter la part de ce dernier au delà des limites fixées par l'art. 757, et contrevenir par conséquent à l'art. 908.

2. De la manière dont ce rapport s'effectue.

D'après le système généralement suivi, le rapport dû par l'enfant naturel s'effectue toujours en moins prenant, tant pour les immeubles que pour les meubles. On fonde cette différence sur les termes de l'art. 760: « L'enfant naturel et ses descendants sont tenus d'*imputer* sur ce qu'ils ont droit de prétendre, tout ce qu'ils ont reçu du père ou de la mère dont la succession est ouverte. » L'imputation, dit-on, consiste à tenir compte de ce qu'on a reçu, à en déduire la valeur de la part qu'on a droit de prétendre, à garder, par conséquent, l'objet de la libéralité en ne prenant que l'excédant de la part héréditaire sur la valeur des biens donnés. Or l'art. 760 ne distingue pas entre les immeubles et les meubles; il faut en conclure que l'imputation, ou ce qui revient au même d'après ceux qui professent cette opinion, le rapport en moins prenant s'applique aux uns comme aux autres. Les meubles s'imputent, comme en matière ordinaire, d'après leur valeur au moment de la donation; les immeubles, par analogie de l'art. 860, d'après leur valeur au moment de l'ouverture de la succession.

Mais il y a une autre manière d'expliquer l'art. 760. D'après le système professé par M. Valette (Mourlon, Répét. écr. II, 65), cet article n'a aucunement trait à la manière dont le rapport doit s'effectuer, et cela par une raison toute simple, c'est que le législateur n'entendait pas faire de différence à ce sujet entre le rapport dû par le cohéritier légitime et le rapport dû par l'enfant naturel : où serait le motif d'une pareille différence? L'art. 760 s'explique d'une façon bien plus claire et bien plus satisfaisante, quand au lieu de partir de cette idée sans fondement que le terme *imputer* implique un rapport d'une autre nature, on le considère simplement comme un synonyme de *rapporter*; les enfants légitimes, les héritiers légitimes, en général, ne sont pas obligés de tenir compte de tout ce qu'ils ont reçu, ils peuvent avoir pour eux une présomption de dispense ou une dispense expresse de rapport; ni présomption, ni dispense ne peuvent être utiles à l'enfant naturel; que le don lui ait été fait directement et sans déguisement, ou qu'il ait été fait par acte simulé ou par interposition de personnes, circonstances qui permettraient à l'héritier légitime d'établir une dispense virtuelle de rapport, la position de l'enfant naturel reste la même; l'art. 760 n'a pour but que de sanctionner l'art. 908; ou, comme celui-ci n'a été promulgué qu'après l'autre, l'art. 908 généralise le principe dont l'art. 760 exprime l'application la plus importante, à savoir que l'enfant naturel ne peut rien recevoir au delà de la part fixée par l'art. 757, et que, par conséquent, il est obligé de tenir compte lors de la succession de ce qu'il a reçu entre vifs de son père ou de sa mère. Tel est, selon M. Valette, le sens de l'art. 760; il n'introduit pas une seconde manière d'effectuer le rapport, il se borne à étendre pour l'enfant naturel l'obligation du rapport et à désigner les objets rapportables. Nous partageons complétement cette manière de voir, d'autant plus qu'on ne donne à l'appui de l'opinion contraire aucun motif plausible. Pourquoi donc l'enfant naturel rapporterait-il les dons abstractivement, quand l'enfant légitime les rapporte en nature? Les cohéritiers ont droit au rapport en nature, et c'est en nature qu'ils le doivent. Pourquoi auraient-ils moins de droits quand l'immeuble a été donné à l'enfant naturel que lorsqu'il a été donné à un héritier légitime? Aucune raison ne vient justifier une exception aussi bizarre. Nous pensons donc qu'on ne doit pas s'attacher au sens rigoureux du mot *imputer;* ce qu'il y a d'important dans l'art. 760, ce n'est pas cette expression, c'est le mot *tout.* C'est là que réside la dérogation, l'exceptionnalité et non dans le mode de rapport. Le rapport dû par l'enfant naturel s'effectue, par conséquent, de la même manière que le rapport ordinaire, en moins prenant pour les meubles, en nature pour les immeubles; d'après les règles exposées aux art. 843-870.

B) Du rapport dû à l'enfant naturel.

La masse sur laquelle, dans les successions ordinaires, se prennent les parts des cohéritiers, se forme en réunissant aux biens, laissés par le défunt, les biens rapportés par les cohéritiers eux-mêmes. S'il se présente un enfant naturel, faut-il calculer sa part sur la masse ainsi composée ou seulement sur les biens laissés par le défunt? Il est évident que lorsque la question se présente ainsi, l'enfant naturel a le droit de profiter de l'augmentation de la masse. On ne peut s'arrêter à la lettre de l'art. 857 qui établit que le rapport n'est dû que par le cohériter au cohéritier; la fin de cet article en explique le commencement : « Il n'est pas dû aux légataires ni aux créanciers. »

Si l'enfant naturel, d'ailleurs, n'est pas cohéritier, qu'est-il donc? Cosuccesseur? Mais, dans l'art. 857, cohéritier, par opposition aux légataires et aux créanciers, ne signifie pas autre chose que cosuccesseur. L'enfant naturel a donc, sans qu'il soit besoin de recourir à l'analogie, le droit de profiter proportionnellement de l'augmentation de la masse. Autrement il n'aurait plus la portion que lui assigne la loi, il n'aurait plus le tiers (la moitié, les trois quarts) de ce qu'il aurait eu étant légitime. Les mêmes raisons nous feront décider que si nul cohéritier ne demande le rapport aux autres, ou s'il n'y a qu'un héritier légitime, l'enfant naturel a le droit d'exiger le rapport comme s'il était légitime lui-même et sans faire de distinction entre les biens légués et les biens donnés entre vifs. Le rapport lui est dû tantôt en nature, tantôt en moins prenant, suivant les distinctions ordinaires; ainsi les immeubles doivent en général être rapportés en nature. On devrait croire qu'en permettant à l'enfant naturel d'imputer simplement la valeur de son immeuble sur sa part héréditaire, le système que nous avons combattu au paragraphe précédent lui défend, par réciprocité, d'exiger le rapport en nature de ses cohéritiers. Il n'en est rien; un seul arrêt[1] décide dans ce sens et a cet avantage au moins de rester logique, tandis que la différence généralement admise entre le mode du rapport dû par l'enfant naturel et celui du rapport qu'il exige est une contradiction que rien ne motive.

C) Du rapport entre enfants naturels.

Quand plusieurs enfants naturels sont en concours avec des héritiers légitimes, les relations complexes que produit cette situation peut donner naissance à quelques difficultés que nous allons examiner.

___

1. Paris, 5 juin 1826, Sir., XXIX, 2, 229.

1° Si l'héritier légitime exige le rapport de celui des enfants naturels qui a été l'objet d'une libéralité du père, les autres enfants naturels profitent de ce rapport, quand même l'objet ne serait rapportable qu'à cause de l'illégitimité du donataire.

2° Si l'héritier légitime renonce à demander le rapport, le rapport n'est exigible entre les enfants naturels que dans les conditions où il le serait entre parents légitimes; autrement dit, l'enfant donataire peut, vis-à-vis de ses frères, s'affranchir de l'obligation du rapport, en établissant que le défunt l'en a dispensé. En effet, quant à eux, le père n'était pas renfermé dans les limites étroites de l'art. 908, dont les dipositions rigoureuses n'ont évidemment pour but que de protéger les intérêts des parents légitimes. Si cette dispense de rapport n'a pas pour effet de toucher à la réserve des autres enfants naturels, ils n'auront aucune réclamation à faire.

3° L'héritier légitime qui demande le rapport et à qui l'enfant naturel donataire oppose une dispense émanée du défunt, ne peut repousser cette exception que si, par l'effet de cette dispense, la part *ab intestat* de tous les enfants naturels se trouvait dépassée. Prenons un exemple. Un père ayant trois enfants naturels et un frère légitime, lègue à deux de ses enfants ce qu'il ne peut leur ôter, c'est-à-dire leur réserve; au troisième il lègue par préciput, outre sa part héréditaire, ce qu'il vient d'enlever à la part des deux premiers. Nous soutenons que l'enfant légataire pourra conserver son legs en renonçant à la succession. En effet, le père avait le droit de léguer à ses enfants naturels la moitié de son patrimoine; s'il restait dans cette limite, l'art. 908 était respecté, l'héritier légitime n'avait rien à dire ; or, il n'a pas dépassé la limite, il s'est borné, ce qui était son droit, à détruire l'égalité entre les enfants naturels. Sa volonté, ne blessant pas les droits des parents légitimes, doit être respectée.

Il n'en serait pas de même s'il avait restreint la part des uns au moyen de la donation réductive dont parle l'art. 761, pour avantager d'autant le troisième. L'héritier légitime aurait le droit, selon nous, tout en faisant maintenir les réductions, de réduire l'enfant avantagé à sa quote-part héréditaire. Soit l'espèce précédente ; les trois enfants naturels ont droit *ab intestat* à la moitié de la succession, chacun pour un sixième ; le père, pour pouvoir donner deux sixièmes à l'un, réduit les deux autres à la moitié de leur part, c'est-à-dire à $\frac{1}{6}$ ensemble. Le frère légitime est rempli de sa moitié ; où gît donc la différence de cette hypothèse à la précédente ? La voici : le père ne peut user de la faculté exceptionnelle de réduire l'enfant naturel à moitié qu'en faveur des héritiers légitimes et non en faveur des autres héritiers naturels ; la part du frère légitime est donc de la moitié, plus $\frac{1}{6}$; il a donc le droit de considérer comme nulle la dispense de rapport qu'apporterait l'enfant avantagé, car ce que celui-ci voudrait conserver au delà de sa portion personnelle, serait enlevé non à ses frères naturels, mais en réalité au frère légitime de son père.

L'enfant naturel réduit serait lui-même recevable à demander le rapport des biens donnés, à son préjudice, à son frère naturel ; la réduction de l'art. 761 n'est pas opposable entre héritiers naturels ; l'enfant avantagé ne pourrait présenter cette réduction de ses frères comme emportant dispense de rapport en sa faveur ; le rapport serait obligatoire et la succession se partagerait par portions égales. S'il présentait une dispense expresse de rapport, les autres enfants naturels, bien qu'affranchis de la réduction, ne seraient admis, comme nous l'avons vu tout à l'heure (n° 2), qu'à demander le complément de leur réserve et non leurs parts héréditaires.

CHAPITRE V.

De la contribution aux dettes.

L'enfant naturel ne représente pas le défunt. Il n'est donc pas tenu, *ultra vires,* vis-à-vis des créanciers. Ils ne peuvent le poursuivre que jusqu'à concurrence de son émolument. Il n'est tenu, du reste, soit à l'égard des cohéritiers, soit à l'égard des créanciers, que proportionnellement à sa part héréditaire ; mais il est tenu pour sa part dans les dettes, comme le serait un héritier bénéficiaire. Si l'actif est de 60,000 fr. et le passif de 18,000, l'enfant naturel, en concours avec un enfant légitime, paiera le sixième des dettes comme il prend un sixième de l'actif, il paiera 3000 fr. ; c'est aussi pour cette somme et non au delà que les créanciers auront la faculté de le poursuivre. Si cependant, par l'effet du partage, un immeuble hypothéqué était tombé dans le lot de l'enfant naturel, celui-ci serait tenu pour le tout, sauf son recours contre les héritiers.

L'enfant réduit à moitié ne contribue pas aux dettes et ne peut être recherché par les créanciers. Si dans

l'hypothèse précédente il avait reçu le douzième de
78,000 fr., c'est-à-dire 6500 fr., qu'il se fût trouvé ensuite un passif de 18,000 fr., l'enfant naturel ne paierait
pas le douzième des dettes, 1500 fr. comme il a reçu
le douzième de l'actif, il ne paierait rien. Le paiement,
en effet, ne pourrait s'opérer que sous la forme de restitution, et nous verrons, en traitant de la réduction
directe, qu'aucune personne n'a qualité pour demander
cette restitution.

CHAPITRE VI.

Des mesures conservatoires et du partage.

Les mesures conservatoires ne sont pas spéciales à
l'héritier légitime; l'enfant naturel peut demander l'apposition des scellés, requérir la confection d'un inventaire,
prendre part à toutes les opérations qui précèdent le partage, même quand il aurait été réduit en vertu de l'article
761 ; comme cet article lui ouvre éventuellement une
action en supplément, l'enfant naturel ne peut établir ses
droits à ce supplément qu'après l'estimation de la succession ; il a donc même alors le droit de surveiller cette
estimation. Le retrait successoral établi par l'article 841
peut être exercé par l'enfant naturel contre la cession des
droits successifs faite par l'un des cohéritiers légitimes ou
naturels à un étranger : celle qu'il aurait faite lui-même
tomberait *a fortiori* sous l'exercice du retrait des cohéritiers.

L'enfant naturel n'étant pas saisi de plein droit de la
possession de sa part héreditaire doit en demander la
délivrance à l'héritier légitime. Cette demande ayant pour

but de le faire sortir de l'indivision et de faire déclarer les objets composant sa part, est une véritable action en partage ; elle est par conséquent imprescriptible et la promesse de ne pas l'exercer n'est valable que si le délai ne dépasse pas cinq ans. Le partage ne se fait pas nécessairement en justice, il peut se faire à l'amiable ; mais quand il se fait judiciairement, l'héritier légitime ne peut pas désigner le lot qu'il entend faire à l'enfant naturel ; la maxime *electio debitoris est* n'est évidemment pas applicable ici, quoi qu'en ait dit Toullier (IV, 282) ; l'héritier n'est pas un débiteur, mais un copartageant et la désignation des lots doit s'opérer par voie de tirage au sort.

Le partage entre héritiers légitimes et naturels a les mêmes effets qu'entre héritiers légitimes seuls. Les copartageants se doivent la garantie et s'obligent réciproquement à s'indemniser en cas d'éviction. L'enfant naturel peut faire rescinder le partage pour les mêmes causes que l'héritier légitime. Quant au dol et à la violence, l'assertion n'est pas douteuse ; elle ne l'est pas non plus selon nous, en cas de lésion. On dit ordinairement que si la loi a admis la lésion comme cause de rescision des partages, c'est parce qu'elle voulait éviter et proscrire tout ce qui détruirait l'égalité qui doit régner entre les copartageants. Il est clair que l'égalité doit s'entendre ici comme proportionnalité ; la loi a voulu faire respecter la proportion qu'elle établit entre les copartageants ; cette proportion est ordinairement l'égalité, mais la loi la protége quand même elle serait inégale. Il faut conclure de là que lorsque l'enfant naturel établit à son préjudice une lésion de plus du quart, il a droit de faire rescinder le partage.

19

Droits successifs de l'enfant naturel appelé à défaut d'héritiers.

CHAPITRE I.

A défaut de parents, soit légitimes, soit naturels.

Quand le défunt n'a laissé ni parents légitimes au degré successible, ni parents naturels autres que ses enfants et que la loi déclare ses successibles (car dans ce cas la question est controversée), l'enfant naturel, conformément à l'article 758 a droit à la totalité des biens. S'il ya plusieurs enfants naturels, ils partagent par tête; si l'un d'eux est prédécédé, ses enfants ou descendants légitimes recueillent sa part.

L'article 758 vérifie le principe que nous avons formulé plus haut, à savoir que l'infériorité de l'enfant naturel, créée uniquement pour protéger la famille légitime, disparaît quand ce but n'existe plus. On conteste, il est vrai, la réalité absolue de ce principe; et si faisant abstraction de l'étendue du droit que l'article 758 accorde à l'enfant naturel on ne s'attache qu'à la forme dans laquelle ce droit doit être exercé, le doute peut paraître légitime. Néanmoins il est facile de démontrer que la loi est restée fidèle à son double principe d'infériorité de l'enfant naturel en présence des parents légitimes, de réintégration de l'enfant naturel dans les droits de l'enfant légitime, quand il n'existe pas de parents légitimes. Dans ce cas, en effet, que fait-t-elle? Toute la succession sans aucune restriction est dévolue à l'enfant naturel, il hérite pour le tout ainsi qu'un enfant légitime, le principe ne saurait être appliqué plus complétement. Cependant l'inexistence de parents légitimes n'est que rarement un fait absolument certain, il peut s'en présenter qu'on ne connaissait pas, de là les formalités dont la loi entoure la prise de possession de l'enfant naturel ; c'est une dernière protection accordée à la parenté légitime, c'est une dernière application, indéterminée, mais évidente, du principe que nous avons énoncé.

Ces formalités sont : l'apposition des scellés, la confection d'un inventaire, les publications et affiches ordonnées par le tribunal et renouvelées trois fois avant qu'il ne statue sur la demande en envoi de possession, l'emploi du mobilier ou caution suffisante pour en assurer la restitution (art. 769 — 771). L'enfant naturel n'est pas tenu de prouver qu'il n'existe aucun héritier légitime ; il suffit qu'il prouve qu'il ne s'en présente pas. Si la première preuve était possible en effet, les sûretés que prend la loi pour l'héritier inconnu qui pourrait se présenter, n'auraient plus de sens ; toutes ces précautions, ordonnées en tout état de cause, démontrent au contraire que la loi a jugé cette preuve impossible et se contente de la preuve qu'aucun héritier ne s'est présenté. (Aubry et Rau IV, 526, note). Il suit de là que l'enfant naturel a non-seulement à fournir la preuve de sa qualité, mais encore un acte de notoriété constatant que nul héritier légitime ne s'est porté en cette qualité ; que le tribunal saisi de la demande doit l'envoyer en possession après les délais voulus, quand même l'existence d'un héritier serait démontrée, si celui-ci, en faveur duquel les publications et affiches ont été faites, reste dans l'inaction.

La confection d'un inventaire régulier est non-seulement destinée à garantir aux héritiers inconnus une estimation fidèle et exacte, mais encore indispensable à l'enfant naturel pour éviter que les créanciers de la succession ne le poursuivent sur son propre patrimoine, non pas qu'il soit tenu de plein droit *ultra vires*, comme quelques auteurs l'ont soutenu à tort, mais parce que l'inventaire lui est nécessaire pour justifier de la consistance de l'hérédité.

Quand l'enfant naturel néglige les formalités qui lui sont imposées, il n'est pas pour cela réputé possesseur de mauvaise foi, mais la simple omission de ces mesures le constitue en faute et l'empêche d'exciper de sa bonne foi dans le cas où des héritiers l'actionneraient en dommages-intérêts (art. 772). Cette omission a encore pour résultat de l'empêcher de poursuivre les débiteurs héréditaires, au regard desquels la mise en possession privée ne peut équivaloir à l'envoi judiciaire. Aucune autre sanction, du reste, ne fortifie la nécessité théorique des formalités énumérées aux articles 769 et suivants. Saisi par la mort du défunt de la propriété de son patrimoine, il peut, si la prudence ne lui conseille pas l'accomplissement des formalités légales, se mettre de son autorité privée en possession de la succession. Il ne pourra faire valoir sa qualité de successeur universel vis-à-vis des tiers, mais il pourra opposer, soit aux héritiers légitimes, soit aux successeurs irréguliers qui viennent après lui, les mêmes exceptions que si l'envoi en possession avait été ordonné en justice. Il repousserait, par exemple, la pétition d'hérédité intentée par un héritier qui aurait laissé passer trente ans depuis l'ouverture de la succession sans l'accepter, ou depuis la mise en possession sans faire valoir ses droits, celle d'un héritier qui après avoir renoncé à la succession, voudrait rétracter sa renonciation et ressaisir ses droits, l'action qu'intenteraient les successeurs irréguliers d'une classe inférieure qui entendraient s'autoriser de son inaction prétendue pendant trente ans à partir de l'ouverture de la succession, pour se faire envoyer eux-mêmes en possession de l'hérédité (Aubry et Rau, t. II, 532). Indépendamment de toute formalité, l'enfant naturel acquiert dès l'ouverture de la succession un droit de propriété sur les biens qui la composent; il lui suffit de survivre un seul instant au défunt pour le transmettre à ses héritiers. A quelque époque qu'il obtienne l'envoi en possession, il a droit aux fruits de la succession à partir de l'ouverture, sauf les droits du possesseur de bonne foi. Tant qu'il reste dans l'inaction, sans accepter ni répudier l'hérédité, il ne peut être poursuivi par les créanciers héréditaires; après trente ans il est déchu de la faculté d'accepter ou de renoncer, mais cette abstention ne peut jamais équivaloir à acceptation au regard des créanciers. Au contraire, en se gérant comme successeur, l'enfant naturel, non envoyé judiciairement en possession de l'hérédité, se soumet à la poursuite des créanciers, parce que la prise de possession, même extrajudiciaire, équivaut à l'acceptation.

Dans leurs rapports entre eux, les enfants naturels sont à considérer comme s'ils étaient tous légitimes. Ils se doivent naturellement le rapport des dons qu'ils ont reçus du père, mais ils peuvent s'opposer les uns aux autres les dispenses de rapport émanées de celui-ci, et même celle qui résultent d'une manière évidente des circonstances qui ont accompagné la libéralité. Il n'est pas possible, en effet, de soutenir que la loi qui a permis au père de rompre l'égalité entre ses enfants légitimes par des dispositions préciputaires, ait voulu sauvegarder plus rigoureusement l'égalité entre enfants naturels. L'article 908 n'a pour but que de protéger les parents légitimes, et ne saurait par conséquent être invoqué par les enfants naturels les uns contre les autres.

CHAPITRE II.

En présence du père naturel.

Dans le cas où le défunt serait lui-même enfant naturel, et laisserait son père ou sa mère, on peut se demander de quelle influence est la présence de ces ascendants sur la quotité des enfants naturels. Cette influence est nulle, tous les auteurs s'accordent à le dire; M. Duranton seul soutient qu'en cas de survie, soit du père naturel, soit de la mère naturelle du défunt, les enfants naturels de celui-ci n'ont droit qu'à une certaine portion de la succession, et cette portion, il la fixe à la moitié. Cette opinion qui ne repose sur aucun fondement juridique se réfute facilement au simple examen de la loi. D'une part, en effet, l'article 765 n'appelle le père naturel à succéder à son fils que lorsque celui-ci est décédé sans postérité; si le législateur avait sous-entendu *postérité légitime*, il est probable qu'il eût complété et spécifié son idée, d'autant plus qu'il traitait une matière où ces deux

idées : légitimité et illégitimité, se trouvent sans cesse en
antagonisme. D'autre part l'article 758 appelle l'enfant
naturel à la totalité de la succession quand il n'existe
pas de parents au degré successible; dira-t-on que dans
cette expression la loi comprend les parents naturels?
dans ce cas elle eût fixé la part que l'enfant naturel prendrait en concours avec ces parents; cette fixation où est-
elle? Est-on fondé par analogie de la part que prendrait
le père légitime à fixer celle du père naturel au même
taux, et à lui donner la moitié de la succession? Il est
évident qu'il faudrait au moins restreindre la part du
père quand il est naturel, comme la loi a restreint celle
des enfants quand ils sont illégitimes. Ce compromis même
nous semble aussi contraire à l'équité qu'à l'esprit de la
loi. Quand même en présence de textes qui n'ont rien
d'obscur, le doute serait permis, dans le doute encore,
et cette vérité est incontestable, la cause de l'enfant naturel serait infiniment plus avantageuse que celle de
l'ascendant naturel. Nous déciderons en conséquence que
l'enfant naturel exclut entièrement les père et mère naturels de son père.

DEUXIÈME DIVISION.

**Des restrictions dont sont susceptibles les droits successifs
de l'enfant naturel.**

Nous avons examiné dans la première division de cette
section tout ce qui avait rapport aux droits de l'enfant
naturel, dans la succession paternelle, envisagés dans
leur latitude. Soit qu'il fût en concours avec des héritiers

légitimes, soit qu'il fût seul, l'enfant naturel, dans toutes les hypothèses où nous le placions, prenait l'intégralité de sa portion héréditaire. Nous faisions abstraction de tout acte de volonté du père ; pour le calcul de cette portion, le seul élément de fixation, en général, était la qualité des héritiers avec lesquels l'enfant naturel était en concours ; en d'autres termes, la loi seule le restreignait.

En changeant la face de la question, en examinant de quelle influence peut être sur la portion de l'enfant naturel un acte de volonté du père, nous exclurons tout d'abord ceux de ces actes de volonté qui auraient pour but non de restreindre, mais, au contraire, d'augmenter la part légale de l'enfant naturel. Nous avons vu au chapitre du rapport que de pareils actes n'avaient aucune force en présence de l'art. 908, qui fixe le maximum d'émolument au montant même de cette portion légale.

Il nous reste à voir si le père peut, non plus amplifier, mais diminuer la part de son enfant naturel, par quels moyens et dans quelles limites. Si cette faculté de restriction n'est pas indéfinie ; si les droits de l'enfant naturel, bien que restreints, n'arrivent jamais à être entièrement nuls, nous aurons à voir comment il les exercera et quels moyens lui sont donnés pour les protéger.

Or, outre le droit qu'a le père de diminuer son patrimoine par des libéralités jusqu'à une certaine limite au delà de laquelle le droit de l'héritier du sang devient inattaquable, le père naturel jouit encore, exceptionnellement, du droit de réduire son enfant à la moitié de sa part héréditaire, à l'aide des moyens indiqués par l'art. 761.

C'est cette réduction, la plus forte que puisse éprouver l'enfant naturel, celle que le père ne peut opérer que par un acte bilatéral, direct et formel, que nous examinerons en premier lieu, réservant pour notre deuxième subdivision la réduction ordinaire et sa limite, cette réduction n'étant que virtuelle, et l'existence d'une réserve au profit de l'enfant naturel trouvant précisément sa plus forte preuve dans les dispositions de l'art. 761.

PREMIÈRE SUBDIVISION.

De la restriction directe ou du minimum.

Nous appelons minimum la part réduite de l'enfant naturel, en vertu de l'article 761, parce que de quelque manière que l'on calcule sa réserve proprement dite, elle se trouve toujours supérieure ou au moins égale à la moitié de sa part héréditaire, et que cette moitié constitue l'extrême limite des restrictions que peut éprouver l'enfant naturel. Il était logique, en effet, qu'en instituant un moyen exceptionnel de réduire l'enfant naturel, le législateur ne se bornât pas à la réduction dont le père avait la faculté en vertu du droit commun, mais lui permît une réduction plus forte, la plus forte qu'on pût équitablement imposer à l'enfant naturel.

Cette réduction, qui a l'air d'avoir été instituée en haine de l'enfant naturel, se justifie cependant par plusieurs considérations.

Il est vrai qu'il y a dans cette disposition une certaine défiance de l'enfant naturel, non pas au point de vue absolu de la loi, mais eu égard aux héritiers légitimes;

20

elle est faite pour débarrasser ceux-ci, au moment du partage, d'un contradicteur le plus souvent odieux, pour prévenir, en désintéressant l'enfant naturel par une jouissance anticipée, toute contestation ultérieure entre lui et les héritiers légitimes, Nous verrons cependant que, quoique déshérité partiellement, l'enfant naturel trouve dans l'art. 761 une réelle compensation. En effet, s'il perd une moitié de sa part héréditaire, cette perte représente en quelque sorte l'escompte qu'il paie pour jouir de l'autre moitié dès avant l'ouverture de la succession. Une autre compensation, tout aléatoire, doit, comme nous le démontrerons plus loin, ressortir pour lui de l'art. 761 : c'est le droit de s'en tenir, dans le cas où le patrimoine aurait éprouvé des pertes, aux biens à lui donnés à titre de moitié hypothétique de sa part héréditaire, sans que les héritiers légitimes puissent venir le réduire, hors le cas d'atteinte à leur réserve ou d'infraction à l'art. 908, à la moitié réelle de cette même part.

Nous allons exposer en premier lieu les conditions exigées pour cette réduction exceptionnelle; en second lieu, les effets qu'elle produit, et enfin, l'action en supplément que possède l'enfant naturel pour parfaire son minimum.

CHAPITRE I.

Des moyens et des conditions nécessaires de la réduction exceptionnelle.

La réduction exceptionnelle dont nous parlons ne peut s'opérer que par un seul moyen, celui qu'indique l'art. 761. « Toute réclamation leur est interdite, lorsqu'ils ont reçu, du vivant de leur père ou de leur mère, la moitié de ce qui leur est attribué par les articles précédents, avec déclaration expresse, de la part de leur père ou mère, que leur intention est de réduire l'enfant naturel à la portion qu'ils lui ont assignée. »

Tel est le premier alinéa de l'art. 761 qui désigne nettement les conditions que doit réunir l'acte pour opérer la réduction. Il faut qu'il y ait eu donation, c'est-à-dire, translation de propriété à titre gratuit, de la part du père ou de la mère au profit de l'enfant naturel. Cette donation doit présenter, et les conditions générales nécessaires à la validité de toute donation, et certaines conditions particulières, à la présence desquelles est subordonnée l'efficacité de la réduction.

L'art. 761 commence par établir que, pour que la réduction s'opère, il faut que la libéralité ait été faite durant la vie du père. Il exclut donc par le fait les libéralités testamentaires; la déclaration de réduction faite dans un legs serait non avenue; la raison en est fort simple : le législateur, comme nous l'avons dit plus haut, a voulu accorder une compensation à l'enfant naturel, et a considéré la jouissance anticipée des biens donnés par le père comme une condition *sine qua non* de la validité de la réduction.

Cette libéralité, par conséquent, ne peut être qu'une donation entre vifs et doit être soumise aux mêmes conditions. Il faut notamment qu'elle soit acceptée par l'enfant naturel. Partant du faux principe que les droits successifs de l'enfant naturel ne s'exercent qu'à titre de créance, quelques auteurs ont nié la nécessité de cette

acceptation. MM. Toullier[1] et Duranton[2], entre autres,
enseignent que les tribunaux, dans le cas où l'enfant
naturel refuserait les offres de son père, pourraient va-
lider ces offres si elles allaient par approximation à la
moitié de sa part éventuelle. Plusieurs arrêts[3] même
ont consacré cette opinion qui nous semble inadmissible.
L'enfant naturel qui, en présence de l'hérédité de son
père, est un successible et non un créancier, présente
encore beaucoup moins de traces de ce caractère quand
la succession n'est pas encore ouverte. Le débiteur d'une
dette actuellement exigible peut forcer son créancier à
en recevoir le montant, mais dans le cas seulement où
le créancier pourrait en exiger le paiement. Or, quand
même on assimilerait l'enfant naturel à un créancier,
il est évident que son droit, de quelque nature qu'il
soit, ne s'ouvre qu'au moment de la mort de son père;
le père vivant ne peut donc pas le forcer à recevoir
contre sa volonté sa part réduite en vertu de l'article
761. Cet article, au contraire, si l'on veut se souvenir
que le Code appelle l'enfant naturel un successeur et
non un créancier, suppose nécessairement l'acceptation
de ce dernier; en effet, il introduit une exception à la
règle portée aux articles 791 et 1130 qui prohibent et
annulent tous pactes et stipulations relatifs aux successions futures. Il permet entre le père et l'enfant naturel
une transaction sur les droits non encore ouverts de

1. Toullier, IV, 262.
2. Duranton, VI, 305.
3. Douai, 26 février 1834, Sir., XXXIV, 2, 393; Req. rej. 21 avril 1835,
Sir., XXXV, 1, 243.

celui-ci; il ne donne pas au père le droit de forcer
son enfant à cette transaction, qui de ce moment
n'en serait plus une; il donne simplement au père le
droit de proposer, au fils, le droit d'accepter la transaction qu'il prévoit, faculté qui lui serait interdite si
l'article 761 n'existait pas. Ainsi, l'enfant naturel a le
droit d'apprécier la transaction qu'on lui offre et d'empêcher la réduction en n'acceptant pas la donation
entre vifs.[1]

L'élément caractéristique de la donation réductive est
la déclaration de réduction qui doit accompagner l'acte.
Une donation pure et simple de moitié de part ne remplirait pas le but de l'art. 761. L'intention de réduire
l'enfant naturel doit avoir existé lors de la donation. Il
ne suffirait même pas que cette intention apparût implicitement; elle doit être expressément déclarée; cette
condition est formellement écrite dans la loi; bien plus,
la déclaration doit accompagner l'acte, et par conséquent, être soumise à l'acceptation de l'enfant naturel,
aussi bien que la donation elle-même; si elle était faite
unilatéralement après l'acceptation de la donation, elle
ne produirait pas son effet. En examinant les termes
dans les lesquels l'art. 761 est conçu, aucun doute ne
peut subsister là-dessus. Il faut, dit cet article, que
l'enfant naturel ait reçu *avec déclaration expresse*, que
cette déclaration, par conséquent, ait été faite en même
temps que la donation. La loi n'a pas voulu que par
un acte postérieur le père ajoutât à la donation une

---

1. Dans ce sens : Chabot, art. 761, n°s 3 et 5 ; Vazeille, art. 761, n°s 7
et 8 ; Aubry et Rau, IV, 215, note 18.

clause aussi préjudiciable à l'enfant, ni que l'acceptation de celui-ci le liât pour une condition non prévue et non acceptée par lui.

Il faut ensuite que la valeur des biens donnés ne soit pas trop inférieure à la moitié de la part fixée par l'article 757, eu égard à l'état du patrimoine au moment de la donation. Cette condition résulte d'une façon évidente des termes de l'art. 761 : « S'ils ont reçu du vivant de leur père la moitié de ce qui leur est attribuée ..... »
Il faut évidemment que cette donation entre vifs comporte la moitié de leur part héréditaire; comme cette fraction ne saurait s'évaluer qu'approximativement sur une fortune non liquidée, une erreur légère ne rendrait pas inefficace la déclaration de réduction; mais si l'erreur était énorme et de nature à faire paraître dérisoire la désignation de moitié de part appliquée à la valeur des biens donnés, la déclaration de réduction serait nulle et de nul effet; l'enfant naturel aurait non pas seulement l'action en supplément, dont nous parlerons tout à l'heure, mais l'action de pétition d'hérédité, sans aucune restriction autre que les restrictions légales auxquelles sont soumis tous les enfants naturels en général.

Il ressort enfin de l'esprit de l'art. 761 que la donation paternelle, pour opérer la réduction, ne doit renfermer ni réserve d'usufruit, ni ajournement d'exécution à la mort du donateur. Il ne suffit pas de dire avec MM. Aubry et Rau[1] qu'il faudrait dans ce cas tenir compte de la moins-value résultant des modalités de la donation; ce serait apporter un correctif impuissant et ajouter un

---

1. Aubry et Rau, IV, 217, note 23.

élément incertain de plus au calcul; ce ne serait qu'un tempérament, utile dans le cas où la réserve d'usufruit ne porterait que sur une partie des biens donnés, insuffisant dans le cas où elle porterait sur le tout. La déclaration de réduction est en pareil cas nulle[1], et il est facile de le prouver. L'art. 761, en regard des moyens de réduction, établit les conditions qui doivent garantir à l'enfant naturel une certaine compensation. La première de ces conditions est celle-ci : s'ils ont reçu *du vivant de leur père* »; le but de cette expression n'est pas d'assurer à l'enfant du vivant de son père la nue propriété de sa moitié; on sent bien que ce ne serait pas là une compensation pour lui et que la loi n'aurait pas pris la peine d'énoncer fermellement ces mots : *du vivant de leur père,* si elle n'avait voulu donner à l'enfant naturel que cette garantie illusoire et qui ne lui serait d'aucun secours. Ce qu'elle a voulu, c'est que l'enfant naturel eût et la propriété et la jouissance, la pleine propriété du vivant de son père, lui faisant pour ainsi dire escompter ses droits successifs dont il perd la moitié par la jouissance anticipée de l'autre moitié. Cela posé, il est clair qu'en se réservant l'usufruit des biens donnés, le père détruirait entièrement la compensation que la loi a voulu laisser à l'enfant naturel et violerait l'esprit de l'art. 761. Nul n'est admis à faire indirectement ce que la loi interdit de faire directement. Or, la loi défend d'attacher la déclaration de réduction à une libéralité testamentaire, parce que l'enfant n'en jouirait qu'à l'ouverture de la succession; donc une donation entre vifs qui suspendrait

---

1. Vazeille, art. 761, n° 8.

la jouissance jusqu'à la même époque, renfermerait vainement une déclaration de réduction; la réduction ne s'opérerait pas. Mais, dira-t-on, l'enfant naturel peut-il être restitué contre son acceptation? n'a-t-il pas couvert, en acceptant la donation avec toutes ses clauses, le vice que nous reprochons à cette donation? Une pareille fin de non-recevoir que les héritiers légitimes voudraient tirer de l'acceptation de l'enfant naturel, ne devrait pas être admise. Il faut se rappeler que l'art. 761 introduit une exception au principe qui défend de renoncer à la succession d'un homme vivant, et que les exceptions doivent être *strictissimæ interpretationis*. De même que le père ne puise dans l'art. 761 le droit de réduction que dans les limites strictement imposées par cet article, de même l'enfant naturel n'y puise que dans les mêmes limites le droit de renoncer partiellement, moyennant transaction, à la succession de son père vivant. En acceptant une donation où le vœu qu'exprime la loi dans ces mots: *« s'ils ont reçu du vivant de leur père »*, serait fraudé à son préjudice, l'enfant naturel dépasse les pouvoirs exceptionnels que lui donne l'art. 761, et son acceptation ne peut être retournée contre lui, car elle n'a pu couvrir le vice fondamental de la transaction.

CHAPITRE II.

Des effets de la réduction.

Quand une donation réductive réunit toutes les conditions que nous avons énumérées, quels sont les effets qu'elle produit? Il faut distinguer d'abord le cas où la

valeur des biens donnés avec désignation de moitié de
part équivaut à la moitié de cette part réelle dans la
succession une fois ouverte, et le cas où elle lui est, soit
inférieure, soit supérieure. Nous avons aussi à examiner
à quelles personnes compète l'exception de réduction, et
le cas où, en l'absence de celles-ci, la réduction se trouve
frappée de caducité. Mais avant d'aborder ces distinctions, il convient de rechercher la manière dont le calcul s'opère, aux fins d'évaluer la quotité de biens qui
eût formé la part de l'enfant naturel en cas ordinaire, et
par suite la moitié de part à laquelle la donation l'a réduit.

a) Du calcul à faire lors de l'ouverture de la succession.

A la mort du père se présente naturellement la question
de savoir si les biens donnés à l'enfant naturel forment
réellement la moitié de la part à laquelle il aurait eu
droit en vertu de l'art. 757. S'il n'y a pas eu du chef
du père de libéralités, soit entre vifs, soit testamentaires,
la solution ne présente aucune difficulté. Mais si le père
a donné ou légué une partie de ses biens, la question se
complique. Faudra-t-il calculer le minimum de l'enfant
naturel simplement sur la masse de biens existants, ou
celui-ci aura-t-il le droit de réunir fictivement à la masse
les donations et legs faits par son père? Pour nous, la
solution ne peut être douteuse. Le minimum, quoique
exceptionnel, constitue un véritable droit de réserve, si
l'on entend par réserve une quotité de biens dont le *de
cujus* n'a pu dépouiller son héritier. Or, pour calculer
le montant d'une réserve, on opère précisément le calcul
fictif que nous venons d'indiquer; il faut donc le faire

également pour calculer le minimum de l'enfant naturel.
En d'autres termes, la réduction exceptionnelle ne peut
être cumulée avec celle qui résulterait de dispositions à
titre gratuit[1]. Il est clair que l'art. 761, en fixant le minimum à la moitié des biens attribués par l'art. 757 à
l'enfant naturel, n'a eu en vue que les successions *ab intestat*, et que cette réserve exceptionnelle serait complète-
ment illusoire, si l'on ne devait, conformément aux principes de la matière la calculer, comme on calcule toutes
les réserves, sur la masse totale de biens. Il faut donc
réunir aux biens existants, et les legs et les donations[2],
calculer sur cette masse la quotité de biens que l'art. 757
attribue à l'enfant naturel, et en prendre la moitié.
Quant au mode d'imputation de cette part réduite, à la
question de savoir si la perte qu'elle occasionne doit être
supportée par les héritiers légitimes ou par la quotité
disponible, ou si elle doit s'imputer tant sur la quotité
disponible que sur la réserve et dans quelle proportion,
nous renvoyons au chapitre de la réserve proprement
dite où ces questions recevront une solution générale,
applicable tant au minimum que fixe l'art. 761, qu'à
la réserve ordinaire de l'enfant naturel.

b) Du cas où la moitié hypothétique se trouve être, à l'ouverture de la succession,
la moitié réelle.

Quand l'enfant naturel, ce sont les termes du Code,
a reçu, du vivant de son père, la moitié de ce qui lui

---

1. Vazeille, 761, 6 ; Duranton, t. VI, n° 301.

2. Quant aux donations, nous nous contenterons ici d'affirmer dogmatique-
ment ; la question sera examinée au chapitre de la réserve.

est attribué par l'art. 757, autrement dit, quand la valeur de la donation faite à l'enfant naturel, à titre de moitié de part, est égale, en réalité, à la moitié de la part héréditaire, toute réclamation ultérieure lui est interdite. Non-seulement le titre d'héritier, mais le titre même de successeur irrégulier ne lui appartient plus. Cette interdiction, à son défaut, frappe évidemment aussi ses enfants ou descendants légitimes, qui n'ont plus que le droit d'intenter, s'il y a lieu, une action en supplément de moitié. La déchéance, cependant, n'est pas absolue, comme nous le verrons dans un instant; du droit que lui donne la loi de réclamer, en cas d'insuffisance de la donation, le complément de sa moitié, découle nécessairement le droit de s'ingérer dans les affaires de la succession et d'en surveiller la liquidation. Ainsi, jusqu'au moment où il est prouvé qu'il a reçu en réalité la moitié de sa part héréditaire, il doit être considéré comme successeur, et conserver virtuellement les droits résultant de ce titre.

Nous semblons, il est vrai, aller ainsi contre le but de la loi qui a voulu, moyennant une jouissance partielle, mais anticipée, écarter l'enfant naturel des opérations qui suivent l'ouverture de la succession paternelle. Nous ne nions pas que tel ait été le but de l'art. 761; mais, le second alinéa de cet article n'attachant sa déchéance complète qu'au fait du paiement intégral de sa moitié, et lui ouvrant, en cas contraire, une action en supplément, on ne peut pas refuser à l'enfant naturel, qui prétend n'être pas rempli de son minimum, le droit de s'assurer par lui-même des ressources de la succession

et de prendre les mesures conservatoires nécessaires. Ce
que l'art. 761 lui interdit, ce n'est pas ce droit de con-
trôle et de conservation ; une interdiction pareille serait
en contradiction flagrante avec la fin du même article ;
il lui interdit, quand il a reçu la moitié de sa part héréditaire, de réclamer plus que cette moitié ; cette défense
ne réglemente que la quotité de ses droits, et laisse subsister, tant que le doute règne sur le montant réel de
cette quotité, le droit qu'a tout successeur de s'ingérer
dans les affaires de la succession pour sauvegarder ses
intérêts.

c) Du cas où la moitié hypothétique est inférieure à la moitié réelle,
et de l'action en supplément.

Quand, soit par suite de l'augmentation du patrimoine
depuis la donation, soit par une évaluation erronée, les
biens donnés à l'enfant naturel, avec déclaration de réduction, sont d'une valeur inférieure à la moitié de la
part qu'il aurait prise dans la succession, l'art. 761 lui
ouvre une action en supplément de moitié ; mais il ne
lui ouvre que cette action, c'est-à-dire qu'il lui permet
de parfaire son minimum, quand il n'a pas été entièrement payé d'avance, mais non de s'autoriser de l'insuffisance de la donation paternelle, pour faire déclarer nulle
la réduction dont le donateur l'a frappé, et pour demander, par suite, le montant intégral de ses droits
d'enfant naturel.

Il faudrait néanmoins, comme nous l'avons dit plus
haut, laisser à la prudence des juges le soin de déclarer,
si la donation faite à titre de moitié de part, était ou

non sérieuse sous ce rapport, et si, en présence d'une
disproportion énorme, la transaction passée entre le père
et l'enfant naturel, sous forme de donation, pouvait avoir
une existence juridique. Dans ce cas exceptionnel, ce ne
serait pas une action en supplément de moitié, ce serait
une action tendant à obtenir sa part totale que l'enfant
naturel aurait à exercer. Mais, en règle générale, quand
cette infériorité n'est que le résultat d'une erreur, d'une
incertitude dans les calculs ou d'une augmentation du
patrimoine, il faut s'en tenir à l'art. 761, et n'accorder
à l'enfant naturel que le droit de compléter son minimum.

Ce droit, sauf l'importance des résultats, est de même
nature que le droit complet de l'enfant naturel; il reste
successeur jusqu'à ce qu'il soit prouvé qu'il est rempli
de son minimum; c'est un droit successif, transmissible,
en cas de prédécès de l'enfant naturel, à ses enfants ou
descendants légitimes, un droit qui porte sur l'universa-
lité de la succession, et en vertu duquel il peut demander une part en nature, comme s'il n'avait pas été
réduit.

Ce droit, en second lieu, participe essentiellement,
comme nous l'avons démontré plus haut, du droit de
réserve. Le calcul, à l'aide duquel on en fixe le montant,
comprend non-seulement les biens existants, mais tous
les biens sortis à titre gratuit du patrimoine paternel.
L'action en complément de moitié s'exercera donc, le cas
échéant, comme l'action en réduction dont jouissent les
héritiers réservataires et dans le même ordre.

L'enfant naturel jouirait de cette action supplémentaire,
quand même il aurait renoncé lors de la donation à s'en

prévaloir plus tard. Nous ferons ici la même observation qu'à propos des donations portant réserve d'usufruit. La transaction que renferment les donations réductives serait illégale, si la loi ne l'autorisait expressément ; cette loi doit donc être interprétée le plus étroitement possible ; tout pacte qui s'écarte des conditions posées à l'exercice d'un droit si exceptionnel, est nul et de nul effet ; on ne pourrait donc opposer à l'enfant naturel qui intente une action en complément de part, une renonciation qu'il n'avait pas le droit de faire.

a) Du cas où la moitié hypothétique est supérieure à la moitié réelle.

L'évaluation de biens donnés peut avoir été erronée au profit de l'enfant naturel ; le patrimoine peut avoir éprouvé des pertes à titre onéreux ; des héritiers d'une classe plus favorisée peuvent être venus restreindre le droit théorique de l'enfant naturel. Quelle que soit la cause qui rende la valeur des biens donnés supérieurs à la moitié de sa part héréditaire, l'enfant naturel n'est jamais tenu en vertu de la donation réductive à restituer l'excédant. Il faudrait pour cela que le droit de demander cette restitution pût se trouver dans la loi ; or, l'article 761 se borne à interdire à l'enfant naturel de demander plus que sa moitié ; en d'autres termes il ne donne aux intéressés qu'une exception et non une action. On remarquera du reste que cet excédant ne peut jamais être excessif ; car si les héritiers légitimes ne sont pas admis à invoquer l'article 761 pour demander une restitution, ils peuvent toujours, dans le cas où l'émolument de l'enfant naturel dépasserait non la moitié, mais la totalité de la part héréditaire fixée par l'article 757, se fonder sur les dispositions de l'article 908 pour le réduire à cette part et en faire restituer l'excédant à la masse.

CHAPITRE III.

Des causes de caducité de la réduction.

La réduction devient caduque:

I. En cas de révocation de la donation à laquelle elle était attachée;

II. Quand il ne se trouve aucun héritier soit *ab intestat*, soit testamentaire, ayant qualité pour l'opposer.

a) Du sort de la réduction en cas de révocation de la donation.

Nous ne parlerons pas des cas de nullité de la donation; la nullité admise, la réduction qui n'est qu'une clause de la donation, doit en suivre le sort. Le mot de caducité ne peut s'appliquer qu'au cas où une disposition d'ailleurs valable en elle-même et faite dans les règles, s'évanouit pour ainsi dire et devient inutile dans les circonstances prévues par la loi. Nous supposons donc une donation valable, tant par elle-même que par l'acte qui la constitue, mais révocable pour l'un des motifs spécifiés aux articles 953 et suivants. Examinons au point de vue de la réduction les trois cas de révocation prévus par la loi.

Dans deux d'entre eux la révocation n'a lieu que quand elle est demandée judiciairement par le donateur; celui-ci donc, soit que le donataire n'ait pas exécuté les con-

ditions de la donation, soit qu'il se soit rendu coupable
d'ingratitude envers lui, peut à sa guise exercer ou abandonner son action en révocation et même la laisser
s'éteindre comme il arrive en cas d'ingratitude après le
délai d'un an (art. 957). Si sur la demande du donateur
la révocation est prononcée, la réduction qui accom-
pagnait la donation s'évanouit, et si d'ailleurs les faits
d'ingratitude par exemple ne constituent pas en même
temps un motif d'indignité à succéder, l'enfant naturel
rentre dans la plénitude de ses droits successifs. Il est
inutile d'ajouter que l'enfant naturel ne peut jamais se
prévaloir de son ingratitude ou de sa propre inexactitude à remplir les conditions de la donation pour en
demander lui-même la révocation.

Il en est autrement, quand la révocation a lieu pour
cause de survenance d'enfant. Il n'est pas universel-
lement admis que cette révocation ait lieu pour les
donations faites à l'enfant naturel. On convient généralement que la survenance d'un enfant naturel n'opère
pas la révocation et d'un autre côté, que son existence
au moment de la donation ne met pas obstacle à cette
révocation [1]. Mais on conteste que la donation faite à cet
enfant lui-même soit révoquée par la survenance d'enfants
légitimes. La négative est enseignée par MM. Aubry et
Rau [2], appuyés sur plusieurs arrêts conformes. Ils se
fondent sur ce que la survenance d'enfants légitimes
n'annulle pas, mais restreint simplement les droits de
l'enfant naturel, sur ce que la donation faite à celui-ci

---

1. Voyez cependant Guilhon, Traité des donations entre vifs, n° 763.
2. Zachariæ, §. 709, note 18.

peut et doit être considérée comme un avancement
d'hoirie et en général comme l'acquittementd'une obligation naturelle, sur ce que les enfants légitimes enfin
sont suffisammeut protégés par l'article 908, en vertu
duquel ils pourront toujours restreindre l'enfant naturel à la portion fixée par l'article 757. Nous rendons plein hommage à l'esprit d'équité qui a dicté
cette opinion, mais nous ne pensons pas qu'elle se
justifie juridiquement. La loi, en effet, ne distingue
pas entre la donation faite à un tiers et celle qu'aurait
acceptée l'enfant naturel ; il faudrait donc, dans le silence
de la loi, que l'enfant naturel fût dans toute cette matière, nettement distingué des tiers ; il faudrait notamment que son existence au moment de la donation faite
à un étranger empêchât la révocation de cette donation
pour cause de survenance d'enfants légitimes. C'est là un
principe que n'admettent ni la majorité des auteurs ni
en particulier ceux que nous venons de citer. Ils ne font
pas dans ce dernier cas, de l'enfant naturel une classe
à part ; ils ne supposent pas dans la loi une exception
tacite ; de quel droit la supposent-ils, quand c'est de sa
propre donation qu'il s'agit. Les principes rigoureux
du droit s'opposent évidemment à une distinction qui
n'est pas fondée sur des textes et qui d'ailleurs n'est pas
d'une grande importance pratique. Les motifs qu'on
avance ont un certain poids en équité, nous en sommes
convenu ; mais, en général, que la révocation s'opère
ou non, le part de l'enfant naturel n'en sera ni diminuée
ni augmentée ; si la révocation ne s'opère pas, l'enfant
légitime le réduira en vertu de l'article 908 à la por-

tion fixée par l'article 757 ; si , au contraire , la révocation s'opère, l'enfant naturel remis dans la même situation où il se trouvait avant la donation , affranchi de la réduction qui pouvait peser sur lui en vertu de cette donation , arrivera héréditairement à la même portion qu'il eût gardée dans l'hypothèse de non-révocation.

Ainsi , ces motifs d'équité fussent-ils même plus concluants, l'importance n'en est pas assez grande pour justifier la distinction qu'on a tenté de faire entre la donation faite à l'enfant naturel et la donation faite à un étranger. La révocation doit s'opérer pour l'une comme pour l'autre ; la réduction que cette donation portait s'évanouira avec elle. La révocation pour cause de survenance d'enfant étant de plein droit , tout intéressé peut la demander. L'enfant naturel lui - même , s'il y a intérêt, a le droit de s'en prévaloir. Il peut, en effet, se présenter des circonstances où la révocation profite à l'enfant naturel. Un homme, par exemple, n'ayant que des frères et pas d'enfants légitimes, donne à son fils naturel des biens évalués au quart de son patrimoine, avec interdiction de se prévaloir de l'art. 757 pour réclamer une portion plus forte lors de l'ouverture de sa succession. Cet homme ensuite se marie ; il lui naît un fils qui meurt avant le père. A la mort de celui-ci, l'enfant naturel aura le droit de dire : la donation qui m'avait été faite a été révoquée par le fait même de la survenance d'un enfant légitime ; la réduction qui me frappait s'est évanouie avec elle. Il revient donc au point où il se trouvait avant la donation; sa portion , au lieu d'être du quart, sera de la moitié.

b) Caducité de la réduction, faute d'héritiers pour l'opposer.

La réduction n'exerce pas ses effets d'une manière absolue ; il faut pour que ces effets se produisent, des successeurs capables de l'opposer. La relativité que nous posons en principe n'existe cependant pas au même titre et dans la même mesure que celle de l'infériorité de l'enfant naturel en l'absence de toute réduction. En effet, il suffit pour qu'il soit relevé de cette infériorité, de cette déchéance relative, qu'il n'existe aucun héritier légitime au degré successible ; il jouit dans ce cas-là, au point de vue de la quotité du moins, des mêmes droits que s'il était enfant légitime. Soit qu'il exerce ses droits dans toute leur latitude, soit qu'en présence de donataires ou de légataires il ne puisse les exercer que dans la mesure de sa réserve, il est relevé de toute restriction légale ; sa part héréditaire ou sa réserve sont exactement les mêmes que si, au lieu du titre irrégulier que lui donne la loi, il présentait un titre légitime. La loi, en d'autres termes, ne protége que les héritiers du sang et non ceux du choix : en cas de réduction, il n'en est plus ainsi ; à moins que le contraire n'apparaisse dans un acte de volonté du défunt, la réduction doit pouvoir être opposée aussi bien par les donataires ou légataires que par les héritiers. En effet, puisque le défunt a donné ou légué à des étrangers tout ou partie de ses biens, son intention évidente était que ces dispositions fussent exécutées aussi complétement que possible, et l'on doit supposer, en général, qu'il a entendu, en usant de la faculté que lui

accordait l'art. 761, protéger autant les droits des donataires ou légataires que ceux des héritiers légitimes.

En l'absence de dispositions à titre gratuit et quand
nul héritier n'entre en concours avec l'enfant naturel, la
réduction qui le frappait s'évanouit-elle? Ou bien ces
successeurs, dont le titre est encore inférieur au sien, le
conjoint survivant, l'État, auront-ils qualité pour la lui
opposer? Différents systèmes ont été proposés pour résoudre cette question. Dans l'un[1] la réduction affecte le
caractère le plus absolu; l'enfant naturel est réduit à la
moitié de sa part héréditaire; les successeurs irréguliers
auxquels l'hérédité est dévolue en l'absence d'enfants
naturels prennent l'autre moitié dans l'ordre où la loi
les appelle. Dans un autre[2] on soutient que la réduction
doit bien profiter au conjoint survivant, mais non à
l'État.

Un troisième système[3] dénie à l'un aussi bien qu'à
l'autre la faculté de se prévaloir de la réduction et en
prononce la caducité au profit de l'enfant naturel. Nous
pencherions à adopter cette dernière opinion, si elle n'é-
tait évidemment trop absolue. La solution de la question
nous paraît dépendre en grande partie des circonstances.
Il est telle hypothèse où le droit de l'époux survivant
serait en fait irréfutable. Mais c'est à l'époux que nous
bornerons nos concessions; cette réserve faite, pour des
cas d'ailleurs forcément très-rares, replaçons-nous dans
la généralité et motivons notre opinion en droit.

---

1. Mackeldey, *Theorie der Erbfolge-Ordnung*, page 100.
2. Delvincourt, II, page 54.
3. Vazeille, Des successions, art. 761.

Il est assez clair pour nous que l'État ne pourra jamais se prévaloir de la réduction ; on ne saurait prétendre sérieusement que le défunt, en dépouillant son enfant naturel, ait songé à enrichir le fisc. On a vu des citoyens léguer leurs biens à César, l'héritier universel ; mais nous hésitons à croire que le père naturel, en réduisant la part de son fils pour augmenter celle des enfants légitimes, ou si ces enfants meurent, celle de ses parents collatéraux, ait étendu, de chute en chute, cette intention protectrice jusqu'à l'administration des domaines inclusivement. Combien différente, peut-on dire au premier abord, est la position du conjoint survivant! L'un des premiers, le premier peut-être dans l'affection du défunt, n'est-il pas probable que celui-ci aura songé à sauvegarder ses intérêts, à augmenter ses droits? Donner à l'époux ce qu'on enlève à l'enfant naturel, n'est-ce pas se mettre d'accord avec la loi et consacrer une victoire de plus du mariage sur le concubinage?

La loi n'en a pas jugé ainsi. Si elle avait voulu faire de l'époux un héritier, rien n'était plus facile. Elle ne l'a pas voulu. Elle donne aux époux des facilités nombreuses et spéciales pour s'avantager réciproquement ; elle ne les appelle pas à la succession régulière l'un de l'autre. Chose remarquable, tandis que l'enfant naturel succède toujours et quel que soit l'héritier légitime, le mari ou la femme qui survit ne succède qu'en tout dernier lieu, presque en désespoir de cause, quand non-seulement tous les degrés d'héritiers légitimes, mais même les enfants naturels, font défaut à la succession. Dans le cas même où le défunt est un enfant naturel, le conjoint survivant est exclu, non-seulement par les enfants naturels de son époux et par leur descendance légitime, mais par tous parents naturels au degré successible, c'est-à-dire par les père et mère naturels du défunt et par ses frères et sœurs naturels ou leurs descendants. Cette distinction est juste et fondée ; les articles du Code qui règlent les droits des successeurs irréguliers appelés à défaut d'héritiers respirent, dans le fond, sinon dans la forme, une haute et sage équité. Le droit de succession de l'enfant naturel se rapproche du droit de succession des héritiers légitimes, des enfants légitimes surtout, en ce qu'il est fondé sur une obligation naturelle. Sur quel motif, au contraire, est basé celui que la loi accorde au conjoint survivant? Sur le droit de déshérence. Cette assertion peut sembler paradoxale ; justifions-la:

Si l'Etat succède, c'est parce qu'en réalité il n'y a pas de successeur. C'est le caractère de son droit prétendu successif d'être absolument négatif ; il n'existe que parce que les véritables successeurs n'existent pas. Le défaut d'héritiers n'est pas seulement la condition *sine qua non* de son droit, ce qui est vrai pour tout héritier de degré inférieur (*in thesi*), mais la cause positive et génératrice de son droit. En un mot, il recueille par droit de déshérence, les biens compris dans les successions vacantes. Cette proposition sur laquelle on est unanime, engendre le corollaire suivant : Tant qu'il y a moyen d'attribuer la succession à un particulier, l'État ne peut exercer son droit. La particularité, telle est l'essence du patrimoine, le *postulatum* constant du principe de propriété. Or, le Code, quand il a appelé le conjoint survivant à succéder à son époux à défaut d'héritiers, n'a fait que consacrer la répulsion naturelle du patrimoine à tomber de personnalité en impersonnalité. Il a maintenu le droit de deshérence, mais pour le bénéfice de ce droit il a préféré à l'anéantissement[1] la continuité, au fisc où viennent se fondre les fortunes sans maître, le conjoint survivant qui, sans représenter juridiquement le défunt, profitera de son travail ou de son économie et gardera au patrimoine le caractère personnel qu'il aurait perdu entre les mains de l'État.

Si telle est la cause qui a porté le législateur à préférer le conjoint survivant à l'État, il est clair qu'il n'a fait que reporter sur ce conjoint la cause d'acquisition que l'État eût fait valoir à son défaut; il lui donne le titre de l'État, et ce titre, nous le savons, c'est le droit de déshérence. On ne peut pas, à notre avis, interpréter autrement les termes si clairs de l'art. 767 : Lorsque le défunt ne *laisse* ni parents au degré successible, *ni enfants naturels,* les biens de sa succession appartiennent au conjoint non divorcé qui lui survit. *A contrario,* si le défunt laisse un enfant naturel, le conjoint n'aura aucun droit à exercer. Peu importe que pour avantager les héritiers de son sang ou de sa volonté, le défunt ait ou non réduit les droits de cet enfant; cet enfant existe; les hé-

---

1. Libre à qui voudra de désirer comme un progrès la généralisation du patrimoine, la main-mise de l'État sur les fortunes privées, et d'apercevoir la vérité dans ce qu'on pourrait appeler le panthéisme économique. Le principe que la société moderne regarde comme son palladium, est la personnalité de la propriété. C'est donc rester fidèle à l'esprit de nos institutions, que de voir dans le droit de l'État une dérogation à ce principe, et dans la vocation de l'époux survivant un véritable échappatoire légal.

ritiers font défaut; c'est assez pour faire avorter les prétentions de l'époux survivant et pour relever l'enfant
naturel d'une réduction désormais sans cause.

Ainsi, tout en maintenant le pouvoir d'appréciation
du juge, en reconnaissant que notre règle devra dans
certains cas céder devant l'intention clairement manifestée
par le défunt de protéger les droits éventuels de son conjoint, nous pouvons conclure que ni l'Etat ni le conjoint
survivant n'ont qualité pour opposer la réduction faite en
vertu de l'art. 761, et qu'à défaut d'héritiers légitimes ou
testamentaires, la réduction devenant caduque, l'enfant
naturel, malgré la présence du conjoint survivant, rentre
dans la plénitude de ses droits.

DEUXIÈME SUBDIVISION.

De la restriction indirecte, et corrélativement, de la réserve de l'enfant naturel.

De même que nous avons nommé restriction directe
celle qui résultait d'un acte formellement réductif et auquel devait participer le successeur réduit, nous nommons
ici restriction indirecte celle qui, sans intention expresse
de réduire et sans la participation de l'enfant naturel, résulte nécessairement des dispositions à titre gratuit, faite
par le défunt dans la limite de son droit. Ici un double
postulatum se présente à l'esprit: Si la restriction directe
a sa limite, la restriction indirecte doit avoir la sienne;
et: la réduction indirecte ne peut jamais être plus forte
que ne le serait, hypothèse égale, la réduction directe.
De ces deux vérités, ainsi induites *a priori,* la première

s'appuie sur la comparaison des textes, sur une jurisprudence constante, la seconde se démontre facilement *a posteriori*, par l'observation des parts dans la réserve mises en regard, dans quelque hypothèse que ce soit, des parts réduites au minimum en vertu de l'art. 761.

Voilà donc deux questions à examiner : l'existence d'une réserve au profit de l'enfant naturel; la quotité de ce droit de réserve. A ces questions viendra se joindre celle des actions à exercer par l'enfant naturel pour assurer l'efficacité de son droit.

CHAPITRE I.

De l'existence d'un droit de réserve au profit de l'enfant naturel.

Nous n'entrerons pas dans de longs développements sur cette matière; s'acharner à prouver l'indubitable, plaider une cause depuis longtemps gagnée, c'est tout un. Nous sommes sur un terrain où la controverse n'existe plus. La loi ne dit pas un mot de la réserve des enfants naturels, et la réserve est de sa nature un droit tout exceptionnel; et cependant la jurisprudence, à l'exception d'un arrêt[1], qui encore date de l'enfance de la discussion, est unanime à compléter la loi sur ce point et à considérer l'enfant naturel comme un réservataire; tous les auteurs, sauf un seul[2] peut-être, sont également d'accord à donner une réserve à l'enfant naturel. Il semble donc, quant à l'existence même de ce

----

1. Rouen, 31 juillet 1820, Sir., XXI, 2, 213.
2. Chabot, Successions, art. 756, n° 17. Cet auteur même, d'ailleurs, a changé d'avis depuis la première édition de son Commentaire.

23

droit de réserve, que toute discussion soit superflue. Néanmoins, comme une cause n'est qu'à demi gagnée, quand le gain n'en repose que sur l'absence de contradicteurs, plaçons-nous au point de départ, et examinons par quels raisonnements on est arrivé si unanimement à suppléer au silence de la loi.

On ne saurait ici, disons-le dès l'abord, argumenter de l'intention présumée du législateur; l'idée de réserve, associée à celle d'enfant naturel, ne s'est présentée à l'esprit du législateur ni affirmativement, ni négativement. Pour dire le mot, il n'y a pas pensé; autrement le silence serait injustifiable. Mais il suffit que la loi ne porte pas négation expresse du droit de réserve; la comparaison des art. 757 et 761 montre que si le droit de réserve, appliqué aux enfants naturels, ne se présenta comme un principe clair, ni sous la plume, ni même à l'esprit des rédacteurs du Code, il existait pourtant en eux à l'état de vérité vague et flottante, et cependant nécessaire, vérité plutôt sentie que comprise, mais invinciblement sous-entendue dans leur esprit. La doctrine et la jurisprudence ont fait le reste; nulle part elles n'ont dû remplir un vide plus considérable, nulle part elles n'ont mis leur empreinte d'une façon plus digne de remarque. Cette œuvre complémentaire ne fut pas une usurpation de l'équité sur la loi écrite; la Cour de cassation n'est pas le préteur; elle fut un simple *conclusum* de logique. Un principe s'impose irrésistiblement aux interprètes d'une loi incomplète, c'est la présomption absolue que le législateur n'a pu sous-entendre l'absurde, et qu'il a voulu, même dans ses lacunes, la cohésion de son œuvre. Aussi l'opinion ne balança-t-elle pas longtemps. En interrogeant l'art. 761, que nous avons discuté plus haut, on conclut bientôt que, si le père, par un acte formel et direct, soumis à l'acceptation même de l'enfant qu'il dépouillait, ne pouvait que réduire l'enfant naturel à la moitié de sa part héréditaire, il ne pouvait évidemment et *a fortiori* le déshériter complétement par des dispositions qui ne portaient qu'indirectement atteinte à des droits. Par ce simple raisonnement, l'existence absolue d'une réserve que l'enfant naturel se trouvait assise sur une base inébranlable. Quelques considérations suffiront à la corroborer. La réserve, pouvait-on dire, est de droit étroit; elle doit être expressément accordée par la loi; elle n'est pas susceptible d'extension. Mais prenons le cas où l'enfant naturel n'est en concours avec aucun parent légitime; il est de principe que l'enfant naturel dans ce cas est à considérer, au point de vue de la quotité, comme un enfant légitime. Il serait absurde, par conséquent, de lui dénier dans sa restriction un droit qu'on lui accorde dans sa latitude. Ce qui est vrai pour cette hypothèse, l'est pour toutes les autres; l'art. 757 lui donne une part héréditaire, quel que soit le nombre et quelle que soit la qualité des héritiers légitimes; il aura donc une part proportionnellement restreinte avec quelque parent qu'il se trouve concourir. D'ailleurs, ce n'est pas une extension d'un droit exceptionnel, c'est une simple assimilation qu'on fait, non pas de l'enfant légitime à l'enfant naturel, mais de l'enfant naturel à lui-même. En effet, ou bien l'art. 761 n'a aucun sens, ou bien le minimum qu'il établit doit, quand il s'exerce activement (action en supplément), s'exercer comme une réserve ordinaire, se calculer sur la masse totale des biens, y compris les biens donnés ou légués, s'armer enfin du droit de réduction des legs et donations, sans lequel toute quotité indisponible, quel que soit son nom spécial, demeure vaine et illusoire.

Voilà donc une véritable réserve édictée par la loi au profit de l'enfant naturel ; le proclamer réservataire en général, ce n'est donc ni tirer des droits de l'enfant légitime un argument d'analogie qui pourrait à bon droit être reproché de sophisme, ni même étendre les dispositions de l'article cité d'un cas particulier à la généralité, c'est, au contraire, argumenter *a fortiori* et conclure de l'exemple à la règle, du cas défavorable aux cas plus favorables. Ainsi, sans préjuger nettement la quotité de ce droit, l'art. 761 met hors de doute l'existence absolue d'une réserve pour l'enfant naturel. Ceci nous mène à rechercher le calcul à faire pour déterminer le montant de cette réserve ; ici, les questions sont plus débattues et nous rentrons en pleine controverse.

CHAPITRE II.

Quotité de ce droit de réserve.

A) En concours avec des enfants légitimes.

1. Systèmes.

La question de l'existence même d'une réserve au profit de l'enfant naturel était une de ces questions simples qu'on ne peut qu'affirmer ou nier. Tout le monde l'affirmait, car il était impossible de la nier. Quant à la quotité de la réserve, le silence de la loi laissait le champ libre à l'interprétation : les uns crurent voir dans l'art. 761, les autres dans l'art. 757, la clef de ce calcul, dont aucun texte précis ne déterminait les bases. Les systèmes créés à ce point de vue ne peuvent être cités que pour mémoire, et ne résistent pas à l'examen. Dans le premier on fixait la réserve de l'enfant naturel à la moitié de sa part héréditaire. Le simple bon sens repousse une pareille opinion. Si le principe d'une quotité absolument réservée à l'enfant naturel apparaît avec un caractère de nécessité irréfragable dans les termes de l'art. 761, il n'en est pas moins vrai que l'esprit de cet article même s'oppose à ce qu'on y cherche la valeur de cette quotité. Dire : en cas de réduction expresse, le minimum sera la moitié de la part héréditaire, c'est dire : ce minimum est exceptionnel, et quand la réduction, qui en est la cause juridique, n'existe pas, la réserve doit être fixée autrement. Les seconds pensaient que la portion héréditaire, telle qu'elle est fixée par les art. 757 et 758, était en même temps la réserve. Cette opinion est aussi arbitraire et aussi peu soutenable que la précédente. Sans parler de la disproportion énorme qu'elle établirait dans le cas de concours avec des descendants légitimes, elle aurait pour résultat de donner pour réserve à l'enfant naturel les trois quarts de la succession quand il est en présence de collatéraux, et la succession tout entière quand les parents légitimes font défaut. L'absurdité de ces conséquences nous dispense d'une réfutation plus longue. Arrivons aux systèmes sérieux.

Le système généralement admis par la doctrine et par

la jurisprudence part du principe suivant : la part revenant à l'enfant naturel dans la réserve qui lui appartiendrait s'il était légitime doit être proportionnelle à celle qui lui reviendrait, en l'absence de dispositions à titre gratuit, dans la succession tout entière. Or, en présence d'enfants légitimes du défunt, il prendrait dans la succession le tiers de ce qu'il aurait eu s'il avait été légitime lui-même; il prendra donc à titre de réserve le tiers de la portion qui lui eût été réservée s'il eût été légitime. Applications : un enfant naturel et un enfant légitime en concours avec un légataire universel. S'il était légitime, sa réserve serait du tiers de la succession ; comme enfant naturel, elle sera de $\frac{1}{9}$. Deux enfants naturels avec un enfant légitime auraient eu, supposés légitimes, une réserve de $\frac{1}{2}$; en en prenant le tiers, leur réserve sera de $\frac{1}{6}$; trois enfants naturels diront : Si nous étions légitimes, notre réserve serait des trois quarts des trois quarts ou $\frac{9}{16}$; nous en prendrons le tiers, $\frac{3}{16}$. Quel que soit le nombre des enfants naturels en concours avec un enfant légitime, ils ne calculeront plus leur réserve que sur les trois quarts, la quotité disponible ne pouvant pas être au-dessous du quart.

Un enfant naturel en concours avec deux enfants légitimes suit absolument la même marche. S'il était légitime, sa réserve serait du quart; elle sera donc de $\frac{1}{12}$. Deux enfants naturels diront : Si nous étions légitimes, la réserve totale, qui est des trois quarts de la succession, se partagerait en quatre parties et nous en prendrions deux, c'est-à-dire $\frac{3}{4 \times 2}$ ou $\frac{3}{8}$; notre réserve véritable est du tiers de ce chiffre, c'est-à-dire de $\frac{1}{8}$. Le même procédé donnera à trois enfants naturels $\frac{3}{20}$, à quatre $\frac{1}{8}$, à cinq $\frac{5}{28}$, etc. S'il y a trois enfants légitimes et au-delà, l'opération se fait toujours d'après les mêmes règles.

Le système de la répartition, dont nous avons vu une application en matière de parts héréditaires, quand il y avait plusieurs enfants naturels (voy. p. 91), offre, pour déterminer la réserve des enfants naturels en concours avec des enfants légitimes, une solution qui, si elle arrive en certains cas aux mêmes résultats que la jurisprudence, en diffère totalement par son argumentation. M. L. Gros[1], qui a le premier présenté ce système, repousse la généralité du principe sur lequel s'appuie la jurisprudence : certes, la part dans la réserve doit être proportionnelle à la part dans la succession, mais non pas, dit-il, dans le sens où le prend le système ordinaire; il n'est pas nécessaire d'aller rechercher d'abord quelle serait la réserve des enfants naturels s'ils étaient légitimes. Ce moyen est effectivement le seul dont on dispose quand aucun héritier, réservataire lui-même, ne concourt avec eux; il est non-seulement inutile, mais faux dans toute une série de ses applications, quand la présence d'héritiers à réserve, et, surtout, d'enfants légitimes, vient fournir au calcul la vraie base de proportionnalité. Comme la loi a pris soin de déterminer le rapport de la part d'un enfant naturel aux parts d'un nombre quelconque d'enfants légitimes, ce rapport doit faire loi non-seulement quand il s'agit de partager la succession entière, mais évidemment aussi quand il s'agit d'attribuer à chacun sa part dans la réserve;

---

1. Revue de Droit français et étranger, tome I, page 598.

d'où la proportion suivante : ce que prennent les enfants légitimes dans la succession doit être à ce qu'ils retiennent pour leur réserve, comme ce que prennent les enfants naturels dans la succession est à ce qu'ils doivent retenir pour leur réserve. Autrement dit, les droits dans la réserve sont proportionnels aux droits dans la succession.

En examinant à ce point de vue les résultats fournis par le système de la jurisprudence, on remarque : 1° que ce principe est violé en eux quand un nombre quelconque d'enfants naturels concourent avec un ou deux enfants légitimes ; 2° que ces résultats, au contraire, sont d'accord avec le principe de proportionnalité quand il y a trois enfants légitimes ou davantage[1].

Soit, en effet, un enfant naturel concourant avec un enfant légitime et un légataire universel. Dans la succession *ab intestat*, l'enfant naturel eût obtenu $\frac{1}{6}$ et l'enfant légitime $\frac{5}{6}$. Sur une succession de 60,000 fr., le premier eût pris 10,000 fr. et le second 50,000. Autrement dit, la part de l'enfant légitime était à celle de l'enfant naturel comme 5 est à 1. Or, le système de la jurisprudence donne comme réserve à l'enfant naturel $\frac{1}{9}$ et à l'enfant légitime $\frac{4}{9}$. Ainsi, sur une hérédité de 90,000 fr., il fixe la quotité disponible à 40,000 fr., la réserve de l'enfant légitime à 40,000 fr. et celle de l'enfant naturel à 10,000 ; c'est-à-dire que la proportion, au lieu d'être 5 : 1, est 4 : 1. Ainsi de chacune des

---

1. Sauf ce qu'il y a d'inexact au point de vue de la stricte proportionnalité, non plus dans la manière dont la jurisprudence calcule la réserve, mais dans celle dont en général elle calcule la portion héréditaire des enfants naturels quand ils sont plusieurs.

hypothèses où il n'y a pas plus de deux enfants légitimes. Si, au contraire, un enfant naturel concourt avec trois enfants légitimes, la proportion normale se retrouve. En effet, dans la succession *ab intestat* l'enfant naturel eût pris le tiers du quart, $\frac{1}{12}$ ou $\frac{3}{36}$, et chaque enfant légitime $\frac{11}{36}$; la proportion de l'enfant légitime à l'enfant naturel est donc ici $11:3$. Or, dans la réserve, la jurisprudence donne $\frac{1}{16}$ ou $\frac{3}{48}$ à l'enfant naturel et $\frac{11}{48}$ à chaque enfant légitime; la proportion $11:3$ et conservée. On revient donc forcément à l'égalité des rapports dès qu'il y a trois enfants légitimes, parce que la réserve totale étant fixe dans cette hypothèse, et ne pouvant dépasser les $\frac{3}{4}$ de la succession, on est bien obligé de calculer sur ces $\frac{3}{4}$ comme on l'eût fait sur la succession *ab intestat* et de respecter entre les parts dans la réserve le rapport établi par la loi entre les portions héréditaires.

Cette contradiction démontre jusqu'à l'évidence, d'une part, que le procédé employé par la jurisprudence est fondé sur une confusion de principes; d'autre part, que l'inexactitude des résultats, quand il n'y a que deux enfants légitimes, rendue plus sensible encore par leur exactitude quand il y en a davantage, provient d'une difficulté de calcul qu'on a cru peut-être insurmontable, et qui, au fond, se résout par un moyen très-simple. Nous reviendrons là-dessus, en exposant notre opinion particulière.

Le système de la répartition se fonde, en observant mathématiquement son programme, sur le principe de proportionnalité que nous avons énoncé. Supposons en concours un enfant légitime, un enfant naturel et un

186

légataire universel. S'il n'y avait point de légataire uni-
versel, l'enfant naturel prendrait $\frac{1}{6}$ et l'enfant légitime $\frac{5}{6}$;
s'il n'y avait point d'enfant naturel, l'enfant légitime
prendrait $\frac{1}{2}$ et le légataire $\frac{1}{2}$; or le rapport $5:1$ est forcé
entre l'enfant légitime et le naturel; le rapport $5:5$ ou
d'égalité est forcé également entre le légataire et l'enfant
légitime; il faut donc donner à ce dernier une part telle
qu'elle soit quintuple de celle de l'enfant naturel et
égale à celle du légataire. On peut employer différents
moyens pour arriver à ce but; le plus simple est de faire
une répartition : l'enfant naturel prend 1, l'enfant légitime 5 et le légataire 5; ces parties seront nécessairement
des onzièmes; la réserve de l'enfant naturel sera donc,
dans ce cas, de $\frac{1}{11}$.

L'opération se généralise dans la formule que voici :
conserver les numérateurs des fractions [1] qui expriment
les parts héréditaires et de celle qui exprime la quotité
disponible; ajouter au dénominateur le numérateur de
cette dernière, et faire de ce total le dénominateur
commun.

Quand il y a plusieurs enfants naturels, la marche à
suivre reste la même dans le système de la répartition
pure. Le second enfant naturel (voyez plus haut, page
101) a droit à la même part que le premier; sa portion
sera donc aussi exprimée par $\frac{1}{6}$; le rapport de la part
de l'enfant légitime à celles des enfants naturels sera $5:$
$1:1$, et, comme le légataire a droit à une part égale à
celle de l'enfant légitime, il prendra également 5; les

---

1. Bien entendu quand les fractions ont le même dénominateur.

parties seront des douzièmes; et la réserve de chaque enfant naturel $\frac{x}{12}$. Un troisième enfant naturel, un quatrième, un cinquième, prendront ainsi une part proportionnellement plus petite; et la réserve de chaque enfant naturel sera successivement de $\frac{1}{13}$, $\frac{1}{14}$, $\frac{1}{15}$, etc.

Quand il y a plus de dix enfants naturels, il faut s'arrêter dans cette augmentation successive du dénominateur; s'il y en avait onze, les enfants naturels prendraient une réserve de $\frac{11}{21}$, l'enfant légitime une réserve de $\frac{5}{21}$, et le légataire serait réduit à $\frac{5}{21}$, ce qu'il n'est pas possible d'admettre : quel que soit le nombre des enfants légitimes, la quotité disponible est toujours du quart; elle est donc *a fortiori* fixée à ce chiffre, quel que soit le nombre des enfants naturels. Or $\frac{5}{21}$ est plus petit que $\frac{1}{4}$. On est donc obligé alors d'arrêter la progression et de distribuer les trois quarts formant la réserve fixe entre les enfants naturels et l'enfant légitime, d'après les règles indiquées dans l'art. 757.

S'il y a deux enfants légitimes et un enfant naturel, l'enfant naturel ayant une portion héréditaire de $\frac{1}{9}$, et chaque enfant légitime $\frac{4}{9}$, la part revenant au légataire est également exprimée par $\frac{4}{9}$; les parties deviennent des treizièmes. On agit de même, s'il y a deux, trois ou quatre enfants naturels; avec le cinquième, on arrive à la limite des trois quarts, et l'on est obligé de borner le calcul à ce chiffre.

Quand il y a trois enfants légitimes ou un plus grand nombre, la répartition ne diffère plus du système de la jurisprudence que par le procédé qu'elle emploie, quand, en général, il y a plus d'un enfant naturel. Aussi, quand il n'y en a qu'un en concours avec trois enfants légitimes ou davantage, ses résultats et ceux de la jurisprudence sont identiques ; la divergence se reproduit dès que le nombre d'enfants naturels dépasse 1 ; mais, comme la cause n'en est plus dans le calcul même de la réserve, nous nous bornons à renvoyer à la page 91, où la question générale de la répartition se trouve examinée.

2. Solution.

La solution que nous allons essayer de donner repose sur le principe de proportionnalité qui servait de base au dernier système que nous avons exposé. Sans aucune intention d'éclectisme elle arrive, non certainement à concilier deux points de vue diamétralement opposés, mais à se rattacher à tous deux : à la répartition par son principe général et par ses applications, dans les cas où la quotité disponible varie suivant le nombre et le titre des réservataires, et quand il n'y a qu'un enfant naturel ; à la jurisprudence quand la quotité disponible est fixe, et quel que soit le nombre des enfants naturels ; à toutes deux à la fois quand la quantité disponible varie, et qu'il y a plusieurs enfants naturels. Notre principe est celui-ci : la proportion qui existe dans la succession entre la part pe l'enfant légitime et celle de l'enfant naturel doit rester la même dans la réserve. Ce principe nous paraît si évident que nous ne chercherons pas même à l'étayer d'arguments. La jurisprudence ne le conteste pas, mais elle le nie indirectement, ainsi que nous l'avons démontré, dans toutes les hypothèses où la fixité de la quotité disponible ne l'oblige pas à le reconnaître et à l'appliquer elle-même. Elle calcule directement la réserve de l'enfant naturel en appliquant la fiction de légitimité à l'art. 913, et crée ainsi de son autorité extra-légale un rapport que la loi n'a pas établi entre l'enfant légitime et l'enfant naturel. Si ce calcul direct était nécessaire, s'il était le seul moyen d'arriver à un résultat, il faudrait sans doute fermer les yeux sur l'inexactitude choquante qui en est la conséquence; ce calcul direct est, en l'absence de coréservataires, non-seulement nécessaire, mais exact; en présence d'enfants légitimes, il est non-seulement inutile, mais faux. Pour faire toucher du doigt cette vérité, nous supposerons un enfant légitime en concours avec un enfant naturel, en examinant le rapport de leurs parts respectives dans les différentes positions où ils peuvent se trouver. Première position : il n'y a pas de dispositions à titre gratuit; l'enfant légitime prend $\frac{5}{6}$, et l'enfant naturel $\frac{1}{6}$. Deuxième position : le défunt a fait un legs d'une valeur minime, et qui reste d'une manière évidente dans les limites de la quotité disponible. Changera-t-on le rapport de 5 : 1? Imaginera-t-on un nouveau rapport, comme par exemple 4 : 1? Personne n'oserait le prétendre. On défalque le legs, et sur l'hérédité ainsi diminuée, l'enfant légitime prend cinq parties, et l'enfant naturel une. Troisième position : les dispositions à titre gratuit atteignent, sans la dépasser, les limites de la quotité disponible. Les héritiers ne peuvent donc attaquer ni réduire ces dispositions, ils n'ont rien à prétendre; ni des donataires, ni des légataires; sur la réserve totale que nous supposons intacte, ils prendront encore, l'enfant

légitime cinq parties, l'enfant naturel une. Cette conséquence est virtuellement acceptée par la jurisprudence,
puisque dans le cas où la quotité disponible est fixe, elle
revient à l'égalité des rapports. Quatrième position : la
quotité disponible est dépassée; les réservataires intente-
ront leur action en réduction dont le but final est évidemment de les faire revenir à la troisième position;
revenus là, ils prendront encore, l'enfant légitime cinq
parties, et l'enfant naturel une. D'après le système de la
jurisprudence, au lieu de six parties à distribuer dans
cette proportion, la réserve se décomposerait en cinq parties, l'enfant légitime en prendrait quatre et l'enfant
naturel une, ce qui revient à dire que, selon elle, du
moment où il y a lieu de poursuivre une réserve la proportion qui existe entre les droits de l'enfant légitime et
ceux de l'enfant naturel change et prend une autre base.
Il faudrait donc conclure que si par tolérance ou par
respect du défunt les réservataires lésés n'intentent pas
d'action en réduction, leurs droits resteraient :: 5 : 1,
mais que s'ils exigeaient que la quotité disponible fût
réduite à ses justes limites, les rapports de réservataire
à réservataire changeraient tout soudain, et deviendraient
4 : 1; autrement dit que l'exercice de l'action en réduction, qui n'a pour but que d'augmenter la masse à partager, changerait la proportion du partage et créerait
un nouveau rapport. Nous ne pensons pas que les partisans du système de la jurisprudence acceptent une pareille conséquence.

Peut-être viendra-t-on critiquer ce que nous avons
appelé la troisième position, et dire qu'en supposant la

quotité disponible atteinte, mais non dépassée, nous avons tranché la question par la question, puisqu'il s'agit précisément de savoir si cette quotité a été ou non dépassée. A cela deux réponses : tant que les termes du raisonnement sont abstraits, il n'y a aucun inconvénient, pour éclaircir un problème, à supposer démontré ce qui ne se trouvera vérifié que par le résultat. Nous avons fait ce qu'on fait dans presque tous les calculs; nous avons raisonné sur l'inconnu comme s'il était connu, et on nous concédera que dans ces termes notre argument est d'une justesse incontestable. En second lieu, il n'est pas même nécessaire de rester dans l'abstraction pour vérifier notre proposition, Supposons, en effet, dans le cas de trois enfants légitimes, et d'un enfant naturel, que le défunt ait légué à un tiers la quotité disponible. Ici cette quotité est connue; elle est du quart; l'enfant naturel qui aurait pris le douzième de la succession *ab intestat*, prend le douzième de la réserve, c'est-à-dire, des trois quarts; la jurisprudence ici fait le même raisonnement que nous et arrive au même résultat. D'où nous tirons cette conclusion : que lorsque la quotité disponible est connue, elle reconnaît notre principe; d'autre part, qu'elle l'enfreint quand la quotité disponible est inconnue; que, par conséquent, elle ne déroge au principe de proportionnalité que parce qu'elle n'a pas songé au moyen très-simple de découvrir cet inconnu ou de s'en servir comme s'il était connu.

Reprenons, comme point de départ, notre dernière hypothèse, où la quotité disponible est fixe. L'enfant naturel dira : si j'étais légitime, je prendrais le quart

de la succession ; j'ai droit au tiers de ce quart, c'est-à-
dire, au douzième ; quel que soit la valeur de la succession ; forte ou médiocre, entière ou diminuée, j'ai droit
à $\frac{1}{12}$; or, la quotité disponible ne peut être moindre
d'un quart ; je prendrai donc le douzième des trois
quarts. Dans mes rapports avec le légataire, ce douzième
sera $\frac{1}{16}$, c'est-à-dire, qu'il sera $\frac{1}{16}$ de la succession tout
entière ; mais les parts des enfants légitimes seront tou-
jours à la mienne dans le rapport légal, comme 11 est
à 1.

Soit à présent l'hypothèse d'un seul enfant légitime
en concours avec un enfant naturel et un légataire universel ; la quotité disponible n'est plus fixe, mais elle
est encore certaine ; elle doit être égale à la part que
prendra l'enfant légitime. La part de l'enfant légitime,
d'un autre côté, présente aussi un élément certain de
calcul ; elle doit être cinq fois plus forte que la part de
l'enfant naturel ; celle-ci, enfin, qui n'est plus réductible
à aucune autre, présente cependant un dernier élément
de certitude, c'est qu'elle doit épuiser l'hérédité. Appelons X cette part de l'enfant naturel ; la part de l'enfant
légitime pourra s'exprimer par $5\,x$, et comme la quotité
disponible doit être égale à celle-ci, nous l'exprimerons
aussi par $5\,x$. L'hérédité H doit être épuisée par l'ad-
dition de ces trois parts diverses ; nous aurons donc
$x + 5\,x + 5\,x = H$, ou $11\,x = H$, et enfin, $x = \frac{H}{11}$.
La réserve sera de $\frac{6}{11}$; la part de l'enfant naturel $\frac{1}{11}$,
celle de l'enfant légitime et celle du légataire, chacun
$\frac{5}{11}$. C'est le résultat qu'on obtient également par un
autre moyen, en répartissant la succession entre les

ayants droit en proportion de la fraction qui exprime
leurs droits, en gardant les numérateurs, et en leur donnant pour dénominateur commun la somme des numérateurs.

S'il y a deux enfants légitimes et un naturel en présence d'un légataire universel, nous sommes encore d'accord avec le système de la répartition pour repousser celui
de la jurisprudence; la proportion de la part d'un des
enfants légitimes à celle de l'enfant naturel est ici de
4 : 1, puisque celui-ci a droit à $\frac{1}{9}$; lui donner $\frac{1}{12}$ ou
$\frac{3}{36}$, en n'attribuant que $\frac{11}{36}$ à chaque enfant légitime, c'est
méconnaître cette proportion forcée; car le rapport des
deux parts, au lieu d'être 4 : 1, serait 3,66 : 1. L'enfant
naturel a droit dans la succession à $\frac{1}{9}$; les enfants légitimes à $\frac{8}{9}$, et le légataire, par conséquent, à $\frac{4}{9}$; dimi-
nuons proportionnellement les parts; gardons à chacun
son numérateur; la somme de ces numérateurs donne
13, qui sera le dénominateur commun. La réserve de
l'enfant naturel sera d'$\frac{1}{13}$.

Nous n'avons jusqu'ici supposé qu'un enfant naturel
en concours avec un nombre quelconque d'enfants légitimes. Prenons le cas où il y en a plusieurs. L'opération
est visiblement double. Il faudra d'abord déterminer
quel est le rapport légal entre ce que prennent les enfants légitimes et ce que prennent les enfants naturels
dans la succession; or, c'est là une question que nous
avons résolue dans notre première division, et nous
n'aurons qu'à appliquer les résultats déjà trouvés; il
faudra, en second lieu, s'il y a au moins trois enfants légitimes, partager suivant cette proportion les trois quarts

formant la quotité indisponible fixe, ou s'il n'y en a qu'un ou deux en concours avec un nombre quelconque d'enfants naturels, attribuer à la quotité disponible une valeur égale à la part d'un enfant légitime et répartir. Voyons quelques applications de ce principe.

Deux enfants naturels sont en concours avec trois enfants légitimes et un légataire universel. La réserve est fixe; elle est des trois quarts de la succession; or, dans la succession entière les deux enfants naturels eussent pris le tiers de $\frac{2}{5}$, soit $\frac{2}{15}$; ils prendront comme réserve les $\frac{2}{15}$ de $\frac{3}{4}$, soit $\frac{1}{10}$; dans ce cas, nous l'avons dit, la jurisprudence ne calcule pas autrement et elle ne saurait le faire, puisque la fixité de la réserve totale la force à y appliquer le rapport prévu pour la succession.

Il n'en est plus de même quand deux ou plusieurs enfants naturels concourent avec moins de trois enfants légitimes. Supposons deux de ces derniers et deux enfants naturels. S'ils étaient légitimes, dit la jurisprudence, leur réserve serait la moitié des trois quarts, *car dans ce cas la quotité disponible serait fixe;* ils prendront le tiers de cette moitié, soit $\frac{1}{8}$. Ne parlons plus de la disproportionnalité qu'on remarque dans les résultats. Le raisonnement lui-même cache un vice qu'il est bon de faire ressortir. Non-seulement on suppose les enfants naturels légitimes pour rechercher quelle réserve ils auraient eue dans cette hypothèse, sans s'inquiéter du rapport qui doit toujours exister entre la part des enfants légitimes et celle des enfants naturels; on ne se contente pas de cette première fiction en faveur de laquelle on peut, à la rigueur, invoquer l'art. 913; on en crée une seconde; on suppose la quotité disponible fixe et par suite la réserve totale fixe aussi; ce qui n'est pas en réalité, puisque les parts de réserve des enfants légitimes additionnées avec celles des enfants naturels n'épuisent pas en définitive cette prétendue réserve fixe. On nous dira que cette seconde fiction n'est qu'une conséquence nécessaire de la première; c'est inexact, et la preuve c'est qu'on peut s'en passer, tout en restant fidèle à l'art. 913, ou mieux encore, en l'interprétant dans le seul sens satisfaisant.

En effet, acceptons un moment le principe de la jurisprudence; recherchons quelle serait, en les supposant légitimes, la réserve des enfants naturels. Voici, dans l'hypothèse posée en dernier lieu, comment nous procéderions: partant de la règle que le légataire universel (la quotité disponible en général), doit être considérée comme un enfant légitime, pourvu que le résultat définitif lui donne au moins un quart de la succession; obligé, d'autre part, par notre principe, à considérer aussi les enfants naturels comme légitimes, nous trouvons, par conséquent, cinq personnes ayant des droits fictivement égaux; la succession se décompose en cinq parties; les deux enfants naturels prennent en définitive le tiers de $\frac{2}{5}$ ou $\frac{2}{15}$ $\left(\frac{8}{60}\right)$; les $\frac{52}{60}$ restants sont partagés également entre les deux enfants légitimes et le légataire, dont le quart minimum se trouve rempli et au delà. S'il y avait trois enfants naturels, leur réserve serait de $\frac{3}{18}$, le légataire aurait $\frac{5}{18}$, c'est-à-dire encore au delà du quart fixe. Avec huit enfants naturels, prenant d'après ce calcul une réserve de $\frac{8}{33}$, le légataire obtiendrait $\frac{25}{99}$, et le minimum

ne se trouverait pas encore atteint. S'il y en avait neuf,
le partage égal donnerait au légataire juste $\frac{9}{36}$; mais avec
dix enfants naturels, le partage égal ne lui donnerait
que $\frac{116}{468}$, tandis qu'il a droit à $\frac{117}{468}$ ou $\frac{1}{4}$; il faudrait alors
lui attribuer ce quart, et, déduction faite de la réserve
des enfants naturels, donner le reste aux deux enfants
légitimes, dont la portion, pour chacun, serait un peu
plus petite que la quotité disponible. Ce fait, quoique
interrompant la succession régulière des calculs, n'incrimine pas l'exactitude relative de ce procédé, car la base
de cette inégalité peut se trouver dans l'art. 913.

Nous l'avouons, à suivre la voie de la jurisprudence,
ce procédé, qu'aucun auteur ne défend, nous paraît cependant beaucoup plus logique que celui qu'elle emploie;
il ne contrevient pas à l'art. 913, il l'applique, au contraire, dans son véritable esprit, qui est de compter le
légataire comme un enfant légitime, à condition que
l'événement ne lui donne jamais moins du quart. Il supprime cette fiction inutile de fixité de la quotité disponible, alors qu'elle n'est pas fixe réellement, et arrive ainsi
à des résultats beaucoup plus justes. Si, en définitive,
nous ne l'adoptons pas, c'est uniquement parce que la
règle de proportionnalité s'y trouve violée comme dans la
méthode ordinaire.

Nous n'adopterons pas non plus la solution que donne,
dans le cas de plusieurs enfants naturels concourant avec
moins de trois enfants légitimes, le système de la répartition. Malgré l'exactitude parfaite de sa marche et de
ses résultats, comme nous avons adopté pour l'hypothèse
où plusieurs enfants naturels réclament leurs droits dans

une succession *ab intestat*, le système admis en jurisprudence, nous sommes forcé, sous peine de violer nous-même le principe de proportionnalité, de l'admettre intégralement quand il s'agit de réserve. On se rappelle les raisons qui nous ont fait rejeter, quant aux portions héréditaires, un système mathématiquement exact, mais dont la cohésion ne s'achetait qu'au prix d'infractions inadmissibles. Nous gardons, bien entendu, son principe, mais en le combinant avec les résultats fournis par la jurisprudence. Nous fixerons la réserve à prendre proportionnellement à la part dans la succession; mais le rapport des parts respectives sera déterminé d'après les règles usitées en jurisprudence, pour trouver la portion héréditaire de plusieurs enfants naturels.

Supposons deux enfants naturels et un enfant légitime. La part des premiers dans la succession serait de $\frac{2}{9}$; donc le rapport de la part de l'enfant légitime à la part de chaque enfant naturel est $7 : 1 : 1$; le légataire universel a droit à 7 comme l'enfant légitime, nous aurons donc $7 : 1 : 1 : 7$; autant de parties égales à former dans la succession qui, par conséquent, se divisera en seizièmes; la réserve des enfants naturels sera $\frac{2}{16}$, celle de l'enfant légitime $\frac{7}{16}$, la quotité disponible $\frac{7}{16}$ également.

Trois enfants naturels avec un enfant légitime ont droit à $\frac{3}{12}$. Proportion : $9 : 1 : 1 : 1 : 9$. Total 21; la réserve des enfants naturels sera $\frac{3}{21}$.

Avec deux enfants légitimes, le calcul est le même. Deux enfants naturels ont droit à $\frac{1}{12}$; chaque enfant légitime à $\frac{5}{12}$. Proportion : $5 : 5 : 1 : 1 : 5$. Total 17; la réserve des enfants naturels sera $\frac{2}{17}$, celle des enfants légitimes $\frac{10}{17}$, la quotité disponible $\frac{5}{17}$. Trois enfants naturels ont droit à $\frac{3}{15}$, les enfants légitimes à $\frac{12}{15}$. Proportions : 6 : 6 : 1 : 1 : 1 : 6. Total 21. Réserve des enfants naturels $\frac{3}{21}$, réserve des enfants légitimes $\frac{12}{21}$, quotité disponible $\frac{6}{21}$. La même formule s'applique, quel que soit le nombre des enfants naturels, car c'est l'un des principaux avantages de ce procédé de laisser toujours la quotité disponible plus grande que le quart. Si l'on suppose 100 enfants naturels en concours avec deux enfants légitimes, leur réserve sera de $\frac{100}{409}$, celle des enfants légitimes $\frac{206}{409}$, la quotité disponible $\frac{103}{409}$ ou $\frac{412}{1636}$, fraction encore supérieure à $\frac{1}{4}$ ou $\frac{409}{1636}$.

Quand enfin il y a plus de deux enfants légitimes, la quotité disponible est invariablement d'un quart; les trois quarts se partagent proportionnellement, ainsi que nous l'avons montré plus haut. Comme dans ce cas nous adoptons forcément le système de la jurisprudence pour la fixation du rapport, comme la jurisprudence adopte non moins forcément notre principe de proportionnalité, à partir de ce point, nos résultats sont identiques. Voici le tableau des parts que les enfants naturels (1 à 8) prennent comme réserve dans la succession, en suivant notre méthode, quand ils sont en concours avec un ou plusieurs enfants légitimes.

Réserve des enfants naturels.

Nombre des enfants naturels.	Nombre des enfants légitimes.	Quotité.	Nombre des enfants légitimes.	Quotité.	Nombre des enfants légitimes.	Quotité.	Nombre des enfants légitimes.	Quotité.	Nombre des enfants légitimes.	Quotité.	Nombre des enfants légitimes.	Quotité.
1		$\frac{1}{11}$		$\frac{1}{13}$		$\frac{1}{16}$		$\frac{1}{20}$		$\frac{1}{24}$		$\frac{1}{28}$
2		$\frac{1}{8}$		$\frac{2}{17}$		$\frac{1}{10}$		$\frac{1}{12}$		$\frac{1}{14}$		$\frac{1}{16}$
3	Avec un enfant légitime.	$\frac{1}{7}$	Avec 2 enfants légitimes.	$\frac{1}{7}$	Avec 3 enfants légitimes.	$\frac{1}{8}$	Avec 4 enfants légitimes.	$\frac{3}{28}$	Avec 5 enfants légitimes.	$\frac{3}{32}$	Avec 6 enfants légitimes.	$\frac{1}{12}$
4		$\frac{2}{13}$		$\frac{4}{25}$		$\frac{1}{7}$		$\frac{1}{8}$		$\frac{1}{9}$		$\frac{1}{10}$
5		$\frac{5}{31}$		$\frac{5}{29}$		$\frac{5}{32}$		$\frac{5}{36}$		$\frac{1}{8}$		$\frac{5}{44}$
6		$\frac{1}{6}$		$\frac{6}{33}$		$\frac{1}{6}$		$\frac{3}{20}$		$\frac{3}{22}$		$\frac{1}{8}$
7		$\frac{7}{41}$		$\frac{7}{37}$		$\frac{7}{40}$		$\frac{7}{44}$		$\frac{7}{45}$		$\frac{7}{52}$
8		$\frac{8}{46}$		$\frac{8}{41}$		$\frac{8}{44}$		$\frac{1}{6}$		$\frac{2}{13}$		$\frac{1}{7}$

Observation. — L'examen de ce tableau fait ressortir une anomalie apparente qui, à nos yeux, se justifie parfaitement. A partir du troisième enfant naturel, la réserve des enfants naturels est plus forte quand il y a deux enfants légitimes que quand il n'y en a qu'un. Quand il y a trois enfants légitimes ou davantage, elle retombe et va en décroissant. Cette anomalie s'explique par le procédé lui-même; comme la proportion s'applique à la réserve totale, de même qu'on l'appliquerait à une succession entière, comme d'un autre côté la présence d'un second enfant légitime, au lieu de diminuer la masse, l'augmente en restreignant la quotité disponible, il doit arriver et il arrive que quand la part définitive que prend ce second enfant légitime (en présence de quatre enfants naturels par exemple) est moins forte que ce que sa présence enlève à la quotité disponible, la différence est un bénéfice net pour les enfants naturels. Ils se trouvent dans une position analogue à celle de trois héritiers par exemple, dont l'un serait donataire d'une somme qui excéderait sa part. Si celui-ci renonce, les deux autres seront à la vérité délivrés d'un compétiteur, mais ils ne partageront à deux que la succession diminuée de la donation. Si le donataire, au contraire, accepte la succession, il sera obligé de rapporter le don; la différence en plus de ce don à sa part virile bénéficiera à ses cohéritiers, bien qu'ils soient trois au lieu de deux.

Si quelqu'un, malgré ces explications, se trouve choqué de nos résultats, nous lui répondrons que le défaut, si défaut il y a, est tout entier celui du système admis en jurisprudence pour la pluralité des enfants naturels.

Ce système, nous l'avons dit et redit, renferme un vice
qui apparaît en disproportionnalité dans toutes ses applications. Nous l'avons admis à cause de sa cohésion et
parce que nous pensions ainsi rester dans une légalité
plus stricte qu'en suivant dans sa marche trop aventu-
reuse, au point de vue juridique, le système mathématiquement exact de la répartition. Telle qu'elle est néanmoins, notre méthode nous paraît préférable à celle de la
jurisprudence, dont on a pu voir et juger la faiblesse, et
opposable avec avantage au système de la répartition pure,
dont nous évitons, en matière de réserve, les deux incon-
vénients majeurs, la nécessité de changer le calcul quand
le nombre des enfants naturels devient considérable, et la
disproportion qu'on remarque dans les parts de ceux-ci,
suivant que le nombre des enfants légitimes laisse variable
ou rend fixe la fraction qui exprime la quotité disponible.

b) Quotité de la réserve quand le défunt n'a pas laissé de descendants légitimes.

Quand le défunt n'a pas laissé de descendants légitimes,
l'idée de proportionnalité forcée entre les parts dans la
succession et les parts dans la réserve, n'a plus ni utilité,
ni possibilité d'application. Car bien que les ascendants
soient aussi réservataires, il existe une raison puissante
pour repousser toute assimilation au cas précédent ; nous
l'énoncerons tout à l'heure. Écartons désormais, comme
inutile et hors de saison, le principe de proportionnalité ;
nous trouvons dans une application directe de l'art. 913,
combiné avec l'art. 757, la solution des différentes questions qui se présenteront.

Nous pouvons, dès à présent, d'accord avec la doctrine en général, avancer les deux règles suivantes :

1° L'enfant naturel prend comme réserve soit la moitié, soit les trois quarts de la réserve qu'il prendrait s'il était légitime, suivant qu'il est en concours soit avec des ascendants, des frères et sœurs ou leurs descendants, soit avec des collatéraux autres que ces derniers.

2° Quand le défunt ne laisse pas de parents au degré successible (art. 758), l'enfant naturel, ayant au point de vue de la quotité absolument les mêmes droits que s'il était légitime, est régi par l'art. 913 sans aucune diminution.

Telles sont les deux faces de la règle générale dont nous allons tenter l'application aux cas spéciaux.

1. En concours avec des ascendants.

L'enfant naturel en concours avec des ascendants et un légataire universel, doit prendre la moitié de la réserve qu'il prendrait s'il était légitime, le quart, par conséquent, de la succession.

Les ascendants de la ligne paternelle ont une réserve d'un quart; ceux de la ligne maternelle un quart également. (Art. 915.)

De ce concours de réserves naît une difficulté grave; on ne peut évidemment les laisser chacune dans son intégralité, ce serait réduire, quand il y a des ascendants dans les deux lignes, la quotité disponible à un quart et même à $\frac{1}{8}$ s'il y avait trois enfants naturels; conséquence impossible à admettre. Trois systèmes se présentent pour trancher cette difficulté; deux d'entre eux accordent à l'enfant naturel sa réserve complète; le troisième la réduit proportionnellement.

Commençons par celui-là; c'est encore l'idée de répartition et de proportionnalité qui a conduit M. Gros (*op. cit.*) à se séparer de la doctrine ordinaire. Voici comment il raisonne : Un enfant naturel prend une réserve de $\frac{1}{4}$, deux enfants naturels prennent $\frac{1}{3}$, trois enfants naturels prennent $\frac{3}{8}$. Mais les ascendants ont droit à $\frac{1}{2}$, et d'autre part la quotité disponible doit être également de $\frac{1}{2}$. Il faut réduire les parts proportionnellement, faire une répartition comme dans le cas d'enfants légitimes. Avec un enfant naturel, les ascendants ayant droit à deux fois sa part, et la quotité disponible devant être égale à la part des ascendants, la succession se divisera en cinquièmes, l'enfant naturel en prendra un, les ascendants deux, la quotité disponible deux.

Avec deux enfants naturels, les ascendants ont droit à trois parties, la quotité disponible à trois, les enfants à deux. Les parties seront des huitièmes.

Avec trois enfants naturels, ou davantage, toujours par le même procédé, les fractions seront des onzièmes, quatre pour les ascendants, quatre pour le légataire, trois pour les enfants naturels.

Ni ce raisonnement, ni ces résultats ne peuvent nous satisfaire. Si le principe de proportionnalité est de mise dans cette matière, il faut l'appliquer moins timidement et ne pas prendre pour point de départ une prémisse qui le nie virtuellement. Expliquons-nous. Si la réserve de l'enfant naturel doit être réduite proportionnellement par la présence des ascendants, elle doit être aussi, quant à sa base, fixée proportionnellement à la part de ces derniers. Supposons la succession entière ; l'enfant naturel prendrait la moitié, les ascendants l'autre moitié. Arrive un légataire universel, ayant des droits égaux à ceux des ascendants : nous aurons trois moitiés, se réduisant réciproquement jusqu'à égalité. L'enfant naturel aura $\frac{1}{3}$, les ascendants $\frac{1}{3}$, le légataire $\frac{1}{3}$. M. Gros a-t-il reculé devant cette conséquence ou ne l'a-t-il pas envisagée? Nous n'en savons rien, mais il nous semble que son système, tout en accusant mieux le vice qui lui est inhérent, acquerrait ainsi une base plus logique. Il est temps de montrer par où pèche, dans cette matière, la méthode de la répartition. Elle repose sur l'idée que les ascendants ont un titre égal à celui de l'enfant naturel; or cette idée n'est pas juste. En accordant aux ascendants une réserve fixée à la moitié de la succession, le législateur ne songeait pas à la présence éventuelle d'un enfant naturel. En présence d'un enfant légitime, les ascendants bien que réservataires, sont exclus d'une façon absolue; en présence d'un enfant naturel, ils doivent l'être aussi d'une façon relative. Sans vouloir préjuger encore la part définitive des ascendants, il est clair pour nous que celle de l'enfant naturel doit rester intacte, et se calculer comme si ces ascendants n'existaient pas.

C'est à cette conclusion qu'arrivent, ou pour mieux dire, c'est de cette conclusion que partent les deux autres principaux systèmes, qui, plus anciens que la répartition, n'ont pas eu à la réfuter. D'accord sur le

point de l'intégralité de la réserve pour l'enfant naturel,
ils diffèrent entre eux sur le point de savoir si elle doit
se prendre exclusivement sur la réserve des ascendants
ou se prélever sur la masse totale, sauf à partager également
le reste entre les ascendants et le légataire universel.

MM. Chabot (sur l'art. 756, n° 27), Toullier, (IV,
266), Duranton (VI, 319.) et la majorité des auteurs
emploient ce dernier procédé. Ils considèrent la réserve
de l'enfant naturel comme une charge héréditaire ; ils
la prélèvent avant tout partage et distribuent le reste
selon les principes du Droit commun. MM. Aubry et
Rau (§. 686, note 16) jugent cette théorie trop préjudiciable
au légataire universel. Ils maintiennent à la
moitié la quotité disponible comme s'il n'y avait pas
d'enfant naturel; les ascendants se partagent le quart
qui reste. La réserve des ascendants, disent-ils, n'est
que subsidiaire; ils ne peuvent la prendre qu'en proportion
de ce que l'enfant naturel prend de moins que
l'enfant légitime. D'autre part, ce serait donner au légataire
moins que la part qu'il prendrait, s'il était en
concours avec un enfant légitime et un enfant naturel,
et cette conséquence est inadmissible. Ces preuves nous
touchent peu, nous devons le dire. Le premier argument
prouve bien que la présence des ascendants ne
peut nuire à l'enfant naturel; nous nous en sommes
servi nous-même dans cette mesure; il ne prouve pas
qu'un légataire en présence d'ascendants dans chaque
ligne et d'un enfant naturel doive prendre autant que
s'il n'était en présence que d'ascendants, ni, par con-

séquent, que la réserve de l'enfant naturel doive s'imputer tout entière sur celle des ascendants. Le second argument, qui s'efforce de trouver une inconséquence dans le système ordinaire, est encore moins probant que le premier. Il est parfaitement juste selon nous que le légataire prenne plus quand il est en concours avec un enfant légitime et un naturel que quand il est en concours avec des ascendants et un enfant naturel : en effet, d'une part et abstraction faite de l'enfant naturel, les ascendants prennent une moitié; c'est-à-dire, juste autant que l'enfant légitime; d'autre part, l'enfant naturel qui n'aurait droit qu'à $\frac{1}{12}$, selon nous, à $\frac{1}{9}$, selon la jurisprudence, en présence d'un enfant légitime, a droit à $\frac{1}{4}$, quand il concourt avec des ascendants; la diminution de la quotité disponible dans cette dernière hypothèse est donc le fait de la loi; il y a de l'inconséquence, au contraire, à la laisser la même, soit que l'enfant naturel prenne le tiers (jurisprudence), soit qu'il prenne la moitié, puisque ses coréservataires, ascendants ou enfants légitimes, ayant des droits égaux, n'influent pas par eux-mêmes sur la quotité disponible. On ne peut admettre d'ailleurs que lorsque deux, trois enfants naturels viennent prendre une réserve de $\frac{2}{3}$, de $\frac{3}{8}$, les ascendants n'aient droit qu'à l'excédant de leur moitié sur ces fractions. Quand il n'y a d'ascendants que dans une ligne, MM. Aubry et Rau, par une conséquence naturelle de leur système, imputent la réserve de l'enfant par moitié sur la réserve des ascendants et pour l'autre moitié sur le quart qui fût revenu aux ascendants absents, par conséquent, sur la quotité disponible. On comprend que nous rejetions cette conséquence comme nous avons rejeté le principe.

Nous adoptons donc dans son entier le système admis par presque tous les auteurs. L'enfant naturel prend sa réserve intacte, $\frac{1}{4}$ s'il est seul, $\frac{1}{3}$ s'ils sont deux, $\frac{3}{8}$ s'ils sont trois ou un plus grand nombre; sur le reste on donne une moitié à la quotité disponible et une moitié aux ascendants, s'il y en a dans les deux lignes; s'il n'y en a que dans une, un quart, et les trois quarts restants à la quotité disponible.

2. Avec des frères et sœurs.

Quand l'enfant naturel est en concours avec des frères ou sœurs ou des descendants d'eux, le calcul ne présente aucune difficulté. Comme ces héritiers n'ont droit à aucune réserve, la succession se partage tout entière entre l'enfant naturel et le légataire, conformément à l'art. 913 combiné avec l'art. 757. S'il n'y a qu'un enfant naturel, il prend la moitié de la moitié, c'est-à dire $\frac{1}{4}$; s'il y en a deux, ils prennent la moitié de deux tiers, c'est-à-dire $\frac{1}{3}$; s'il y en a trois ou davantage, ils prennent la moitié de $\frac{3}{4}$ ou $\frac{3}{8}$. Les frères sont exclus et le reste forme la quotité disponible.

3. Avec des frères et sœurs et les père et mère.

Ici encore la réserve de l'enfant naturel se calcule de la même manière. Cette hypothèse rentre absolument dans les conditions du n° 1. Il n'y a de particulier que l'exercice de la réserve des ascendants, malgré la présence de frères ou sœurs. En effet, les ascendants en général sont exclus d'une façon absolue et déchus par le fait de leur droit de réserve quand le défunt a laissé des frères ou sœurs ou des descendants d'eux. Par exception (art. 748 et 749), le père et la mère, qui concourraient avec eux dans la succession *ab intestat*, sont par là même admis à exercer leur droit de réserve, malgré leur présence. Soit que les père et mère aient survécu, soit qu'un seul d'entre eux vienne à la succession, les règles que nous avons exposées tout à l'heure sur la réserve des ascendants, sont applicables de tout point.

4. Avec des collatéraux autres que les frères et sœurs.

Avec des collatéraux de cette classe l'enfant naturel a droit aux trois quarts de ce qu'il aurait s'il était légitime. C'est donc sur les trois quarts qu'il faut calculer sa réserve. Elle est de $\frac{3}{4 \times 2}$ ou de $\frac{3}{8}$, quand il n'y a qu'un enfant naturel; de $\frac{3 \times 2}{4 \times 3}$ ou $\frac{1}{2}$ quand il y en a deux; de $\frac{3 \times 3}{4 \times 4}$ enfin ou $\frac{9}{16}$ quand il y en a trois ou un plus grand nombre.

On a soulevé, à propos de cette hypothèse, une question dont l'opportunité se montre même, quoique avec un caractère moins pressant, quand les collatéraux sont des frères ou sœurs. Ces deux classes d'héritiers se trouvant absolument exclues de toute participation à la réserve, n'ont aucun intérêt à ce que l'enfant naturel subisse la restriction légale édictée par l'art. 757 ; or, cette restriction a pour but unique de favoriser les héritiers légitimes ; on en conclut que quand ces héritiers n'ont aucun droit à exercer, l'enfant naturel prend la même portion que s'il était légitime. Plusieurs auteurs, un arrêt même

(Toulouse, 8 juin 1839) ont adopté cette manière de voir. Nous reconnaissons en principe la justesse des arguments sur lesquels elle se fonde, mais plusieurs considérations nous ont empêché de l'adopter. La loi d'abord paraît trop stricte pour permettre cette extension : « L'enfant naturel a droit à la totalité des biens (à la moitié, par conséquent, en matière de réserve) quand ses père ou mère ne *laissent* pas de parents au degré successible. » Nous sommes d'ailleurs ici dans une question de réserve. Le droit de tester, ce complément suprême du droit de propriété, n'a été restreint par la loi qu'avec circonspection ; le droit de réserve qui le limite doit être interprété le plus strictement possible. Les collatéraux, nous le voulons bien, n'auront pas d'intérêt à réduire l'enfant naturel ; mais le testateur, comme tel, en a un très-grand, le désir de voir respecter ses dernières volontés dans la plus large mesure possible. Si l'enfant naturel représente, à défaut d'autre, les droits de la famille, le légataire représente le droit de tester, et peut, par conséquent, s'appuyer sur l'existence de parents même non héritiers pour augmenter l'étendue de ses droits. Cet argument acquiert encore plus de force quand le légataire, comme il arrive fréquemment, est précisément un de ces collatéraux. Nous ne pensons donc pas que l'enfant naturel soit affranchi des restrictions qu'apporte à ses droits l'art. 757, par le seul fait que les collatéraux n'ayant pas de réserve à exercer, ne sont pas appelés à profiter de cette restriction ; car, ainsi que nous l'avons dit, elle nous semble, en matière de réserve, autant faite pour étendre le droit de tester que pour protéger les intérêts de la famille.

En parlant de la réserve des ascendants, nous avons dit que s'il n'en existait que dans une ligne, la réserve de l'enfant naturel ne changeait pas pour cela. Pour que cette proposition soit juste, il faut que dans la ligne où manquent les ascendants il n'y ait pas non plus de collatéraux autres que les frères et sœurs. S'il y a des collatéraux dans une ligne et des ascendants dans l'autre, le calcul de la réserve sera complexe. Cette question a été discutée en principe à la page 106; sans revenir là-dessus, combinons simplement le résultat que nous avons trouvé pour la portion héréditaire avec les données de l'art. 913. Dans la succession *ab intestat*, l'enfant naturel, en concours avec des ascendants dans une ligne et des collatéraux dans l'autre, a droit à $\frac{5}{8}$; l'enfant naturel calculera sa réserve sur cette fraction, comme l'enfant légitime la calculerait sur toute l'hérédité. S'il n'y a qu'un enfant naturel, il prendra $\frac{5}{8\times2}$ ou $\frac{5}{16}$; deux enfants naturels prendront $\frac{5\times2}{8\times3}$ ou $\frac{5}{12}$; trois enfin ou davantage prendront $\frac{5\times3}{8\times4}$ ou $\frac{15}{32}$. L'ascendant, comme nous l'avons vu, prendra le quart non de la succession, mais du reste; les autres trois quarts formeront la quotité disponible.

Dans cette hypothèse, nous le savons, l'enfant naturel, au point de vue de la quotité, est à considérer absolument comme un enfant légitime. Il résulte de la combinaison des art. 758 et 913, que la réserve de l'enfant naturel ne diffère pas, en pareil cas, de la réserve de l'enfant légitime. Un enfant naturel aura pour réserve $\frac{1}{2}$, deux enfants naturels $\frac{2}{3}$, trois enfants ou un plus grand nombre $\frac{3}{4}$.

CHAPITRE III.

Actions résultant du droit de réserve.

Quand le défunt laisse des héritiers à réserve, la masse sur laquelle les calculs doivent s'opérer, se forme de tous les biens qui se trouvaient dans le patrimoine au moment du décès, et l'on y réunit fictivement tous ceux qui en seraient sortis par suite de dispositions à titre gratuit. Quand le calcul fait sur cette masse démontre que la somme de ces dispositions excède la quotité disponible, l'héritier a le droit, pour se remplir de sa réserve, de demander la réduction des dispositions testamentaires, et même, si celle-ci ne suffit pas, la réduction des donations entre vifs.

Sans ce droit de réduction, en effet, le droit de réserve n'aurait aucune sanction, aucune réalité; il serait à la lettre comme s'il n'était pas. D'où nous tirons cette conséquence: tout héritier réservataire, quel qu'il soit, jouit du droit de réduction. Or, l'enfant naturel a un droit de réserve, cette vérité est incontestable, un droit de réserve entièrement semblable par sa nature au droit de réserve de l'enfant légime, il a donc le droit comme celui-ci de réduire légataires et donataires à la quotité disponible.

Le droit de réduction des dispositions testamentaires n'a jamais fait l'objet d'un doute, pour tous ceux qui admettent le droit de réserve de l'enfant naturel; mais quant aux donations entre vifs, les opinions sont divisées. Les uns refusent absolument à l'enfant naturel le droit de les réduire; d'autres le lui accordent, mais simplement pour les donations faites depuis l'acte par lequel le père l'a reconnu.

La négation des premiers et la distinction des seconds doivent être rejetées toutes deux. Pour la négation on n'apporte qu'une raison fondée sur les termes dont se servent les art. 756 et 757, « droits de l'enfant naturel sur les biens de ses père et mère *décédés* », et l'on prétend que la loi, en se servant de ce dernier mot, a borné les droits de l'enfant naturel aux biens du père ou de la mère existants au moment de leur décès. Mais d'abord l'art. 757 ne règle directement que les successions *ab intestat ;* en second lieu, le sens qu'on prête au mot *décédés*, est évidemment forcé ; ce mot n'est placé là que pour fixer l'époque où s'ouvrent les droits des enfants naturels et signifie *après le décès* du père ou de la mère. Tout autre sens sera inconciliable avec la matière même dont le texte s'occupe. Il serait trop facile d'ailleurs d'annihiler la réserve de l'enfant naturel en donnant tous ces biens entre vifs, ou même pour l'époque du décès à l'aide d'une institution contractuelle.

D'autres auteurs, Toullier (IV, 263), M. Grenier (Donations, II, 665), font une distinction, qui nous paraît arbitraire, entre les donations faites avant la reconnaissance de l'enfant naturel et celles faites après cet acte. C'est sur ces dernières exclusivement que peut porter, d'après eux, le droit de réduction de l'enfant naturel. Remarquons d'abord que la loi ne distingue pas, et cette observation seule suffirait pour repousser une distinction qui d'ailleurs ne se fonde sur aucun argument sérieux. Le droit de l'enfant naturel porte sur tout le patrimoine de son père; l'acte par lequel il a été reconnu, n'est pas attributif, mais déclaratif; les effets en remontent au jour de sa naissance. Un dernier argument vient trancher la question d'une façon décisive. Ou l'enfant naturel est en concours avec des enfants légitimes, ou il ne l'est pas. S'il l'est, il est clair que, devant avoir une fraction certaine de la part que prend l'enfant légitime, sa portion devra se calculer sur la même masse que celle-ci et se poursuivre par les mêmes moyens et contre les mêmes personnes; s'il ne l'est pas, comment peut-on dire qu'il doit avoir des droits moins étendus alors qu'il est dans une position relativement avantageuse, que lorsque, restreint par la présence d'enfants légitimes, il avait, comme eux, le droit de poursuivre sa réserve sur toutes les donations sans distinction.

Le droit de l'enfant naturel est donc protégé par les mêmes actions en réduction que celui de l'enfant légitime; c'est dire que toute la section du Code, qui traite de la réduction des donations et legs, est applicable à l'enfant naturel. Par conséquent, et sans entrer dans l'examen de cette action qui relève du Droit commun, la réduction devra épuiser les legs avant de toucher une donation; elle attaquera les donations en suivant l'ordre de leurs dates et en commençant par la dernière; l'enfant naturel aura droit aux fruits des biens de la donation qui excèdent la quotité disponible, d'après la distinction de l'art. 928; si la réduction porte sur des immeubles, ils devront rentrer dans la réserve francs de toutes charges et hypothèques du chef du donataire; si les immeubles ont été aliénés par ce dernier, l'enfant naturel pourra les reven-

diquer entre les mains des tiers-possesseurs, en commençant par les immeubles aliénés les derniers et après discussion préalable des biens du donataire (art. 729 et 730).

Disons en terminant que l'action en réduction, aussi
bien que le droit de réserve même, devraient être donnés
aux descendants légitimes de l'enfant naturel., soit que
celui-ci fût prédécédé, soit qu'il renonçât à la succession,
ou en fût exclu pour un motif d'indignité. L'art. 759,
en effet, donne à ces descendants le droit de recueillir, à
défaut de l'enfant naturel, tout ce que lui-même eût
pris dans la succession. Ce droit de représentation, pour
l'appeler d'un nom général, quoique nous ayons démontré que ces descendants n'ont pas besoin de la représentation pour succéder, doit s'exercer sur la réserve, comme
sur la part héréditaire, puisque la réserve, comme quotité,
n'est autre chose que la part héréditaire diminuée.

DEUXIÈME SECTION.

De la succession collatérale des enfants naturels.

Nous n'avons pas à nous occuper des droits de succession que l'enfant naturel peut avoir indépendamment
de cette qualité, soit comme père légitime ou même
comme père naturel, soit comme conjoint survivant. Nous
avons exposé les droits que la loi lui accorde sur la succession du père et de la mère; il ne nous reste, pour
compléter cette étude, qu'à parler des droits de succession qu'il exerce dans sa famille naturelle. Or, cette famille se borne à ses frères et sœurs naturels et à leurs
descendants; l'enfant naturel n'a ni ascendants (nous

avons fait abstraction du père et de la mère), ni collatéraux proprement dits ; il n'a pas d'oncles, quand même
son père aurait des frères soit légitimes, soit naturels ;
mais il peut avoir des neveux quand son frère naturel a des
enfants légitimes. Il ressort des dispositions du Code que
la parenté naturelle n'existe pas au delà du deuxième degré,
ni même en ligne directe au delà du premier, à moins que
les descendants soit du fils, soit du frère, qui occupent les
degrés subséquents, ne soient enfants légitimes.

Quoique nous ne traitions que des droits de l'enfant
naturel aux successions où la loi l'appelle, et non de la
succession qu'il délaisse lui-même, il nous semble utile,
pour éclairer la question, d'énumérer ici l'ordre dans
lequel ses propres successeurs réguliers ou irréguliers
viennent à sa succession. L'enfant naturel a pour héritiers : 1° Ses enfants légitimés et naturels dans la proportion connue ; 2° à défaut d'enfants légitimes, ses enfants naturels ou leurs descendants légitimes, lesquels
excluent (voy. page 150) tous autres successeurs, même
le père ou la mère ; 3° à défaut de postérité, soit légitime,
soit naturelle, le père ou la mère qui l'a reconnu, ou tous
deux si tous deux l'ont reconnu, excluant chacun, quand
même il serait seul, et les frères légitimes pour les biens
sujets à réversion, et les frères naturels pour le surplus
des biens ; 4° ses frères et sœurs naturels ou leurs descendants légitimes, sous la réserve du droit de retour que
la loi accorde aux frères et sœurs légitimes (art. 766) ;
5° son conjoint survivant.

Ce sont là cinq classes de successeurs bien déterminées ;
la première exclut la seconde, la seconde la troisième,

et ainsi de suite. Notons ici deux liens de successibilité qu'on n'indique pas ordinairement, mais qui résultent forcément des articles 759 et 766. Puisque les descendants légitimes d'un enfant naturel succèdent au père de ce dernier, soit qu'ils représentent leur père, soit que tout en ne prenant que sa part, ils viennent de leur chef à cette succession, le principe de réciprocité exige que l'aïeul naturel hérite aussi des descendants légitimes de son fils naturel. Quoique le Code ne mentionne ni ce droit de succession, ni par conséquent le rang qu'il faut lui donner, l'existence de ce droit nous paraît incontestable, et le rang à lui désigner facile à trouver par analogie. Comme nous ne reviendrons pas au droit de l'aïeul qui ne nous intéresse qu'indirectement, disons simplement qu'il ne pourra l'exercer, selon nous, que dans les conditions suivantes : il faut que le descendant légitime soit mort sans parent au degré successible et sans postérité naturelle. Ajoutons qu'il exclura entièrement le conjoint survivant, car l'article 767 doit être entendu dans le sens le plus large (v. page 173) ; le conjoint doit être exclu, non-seulement par les enfants naturels, mais en général par tout parent naturel que la loi, explicitement ou implicitement, déclare successible.

Les mêmes raisons nous obligent à décider que puisque l'enfant légitime d'un enfant naturel succède au frère naturel de ce dernier, ce frère naturel doit succéder à cet enfant légitime. En qualité d'enfant naturel, l'enfant naturel a donc des droits : 1° dans la succession de son frère naturel ; 2° dans la succession de l'enfant légitime de son frère naturel.

CHAPITRE I.

Droits sur la succession des frères et sœurs naturels.

Quand l'enfant naturel n'a laissé ni postérité, ni père ni mère (il ne peut pas être question pour lui de l'aïeul), sa succession est dévolue à ses frères et sœurs naturels. S'il y a des frères légitimes, sans empêcher l'exercice de ce droit de succession, ils le restreignent par l'exercice de leur droit de retour. Supposons d'abord que les frères soient tous naturels. La succession se partage entre eux absolument comme s'ils étaient tous légitimes, c'est-à-dire, par portions viriles dans le cas où il n'est pas constaté qu'ils soient de différents pères ou de différentes mères. Soit donc que la reconnaissance de l'un des père et mère manque à tous, soit que le même père et la même mère les aient reconnus tous, la succession de l'enfant naturel se partage par égales portions entre ses frères et sœurs. Cela revient à dire que si tous les frères sont, soit consanguins, soit utérins, le rapport entre eux est comm' s'ils étaient tous germains. Mais si les uns sont germains, c'est-à-dire, reconnus par le même père et la même mère que le défunt, les autres simplement consanguins ou utérins, la succession se divise entre les deux lignes; une moitié revient à la ligne paternelle, une moitié à la ligne maternelle. Les germains appartenant à l'une et à l'autre ligne, prennent part dans chacune des deux moitiés. En un mot, on suit absolument les règles de la succession légitime.

Si l'un des frères naturels prédécédé a laissé des ascendants, ceux-ci ont, comme les descendants d'un enfant naturel dans la succession de leur aïeul, le droit de réclamer la part de leur père dans la succession de leur oncle naturel. L'article 766 (*in fine*), en les autorisant à représenter leur père n'ajoute pas expressément au mot *descendants* le mot *légitimes*, mais cette condition y est sous entendue comme dans l'article 759, nous savons que les descendants naturels ne jouissent pas du droit de représentation, et à quelle conséquence entraînerait une pareille extension de ce droit. Si leur auteur est non pas prédécédé, mais renonçant ou indigne, leur droit reste le même (*in thesi*), sauf à ne leur être d'aucune utilité s'ils sont exclus par des successeurs plus proches en degré, c'est-à-dire, par les frères naturels de leur père et du défunt.

Les enfants légitimes, fils du même père que l'enfant naturel défunt ont le droit de reprendre dans la succession de ce dernier les biens qu'il avait reçus du père. Ce droit ne s'ouvre à leur profit que quand le défunt n'a laissé ni postérité légitime ou naturelle, ni père ni mère[1]. On sait que le droit de retour est dans nos lois un droit essentiellement successif. Il en faut conclure que le frère légitime qui exerce son droit de réversion doit contribuer aux dettes de la succession en proportion de son émolument, qu'il peut renoncer à son droit, mais seulement

---

1. Nous tranchons par ces derniers mots une question fortement controversée. On a prétendu que les enfants légitimes du père pouvaient, même en présence de la mère, *et vice versâ*, exercer leur droit de retour. Nous n'entrerons pas dans la discussion de cette question ; nous rappellerons seulement que la loi est formelle, et que l'art. 766 n'ouvre le droit de retour qu'en cas de prédécès du père *et* de la mère.

à l'époque où la renonciation à une succession ordinaire eût été valable, c'est-à-dire, à partir de l'ouverture de la succession, et qu'il peut être déclaré indigne pour les mêmes motifs que tout autre héritier. Ce droit de retour, bien que successif, ne peut jamais prendre le caractère de réserve; le droit de disposer, soit entre vifs, soit par testament, n'est soumis par l'enfant naturel quant aux réversionnaires à aucune restriction. Les biens sur lesquels porte le droit de retour n'en sont pas moins entrés dans le patrimoine de l'enfant naturel donataire sans aucun caractère particulier de révocabilité, et le donataire a pu en disposer ou le grever à son gré. L'article 766 ne parle que des biens *reçus* du père ou de la mère par l'enfant naturel; on ne peut cependant borner la réversion aux biens provenant d'une libéralité; le mot *recevoir* a une portée plus grande, et doit comprendre les biens recueillis dans la succession *ab intestat* comme ceux qui proviennent d'une donation ou d'un legs. Ils doivent se retrouver en nature dans la succession; s'ils ont été aliénés, le frère légitime n'a droit qu'au prix qui peut en être dû; s'il est entièrement payé, ou si la créance elle-même a été cédée, son droit s'éteint. Il hérite aussi des actions en reprise que le donataire aurait pu exercer. En reprenant les biens sur lesquels il a droit, le frère légitime est tenu de respecter les charges telles que servitudes et hypothèques dont le donataire les a grevés; il n'a droit, sous aucun prétexte, aux fruits naturels ou civils des biens qu'il reprend.

Nous n'avons pas, au surplus, à examiner le droit de retour en lui-même et nous bornerons là ces déve-

loppements. Tous les biens sur lesquels la réversion ne
s'exerce pas appartiennent aux frères naturels et se partagent entre eux d'après les règles que nous avons exem
posées.

CHAPITRE II.

Droits sur la succession des neveux légitimes.

Un enfant légitime meurt sans postérité, sans laisser
d'ascendants , ni de frères ou neveux. Dans l'une des
lignes se trouvent des collatéraux légitimes; dans l'autre,
il n'y a qu'un collatéral naturel , le frère du père (tous
deux enfants naturels) : Que faut-il décider? la succession se partagera-t-elle par moitié entre la ligne où se
trouve l'oncle naturel et la ligne représentée par ses
collatéraux légitimes? Ou s'opérera-t-il une dévolution
de la première de ces lignes dans la seconde, au dé-
triment de l'oncle naturel et au profit des collatéraux?
Toute la question se réduit à savoir comment il faut
interpréter le second alinéa de l'art. 755 : A défaut de
parents au degré successible dans une ligne, les parents
de l'autre ligne succèdent pour le tout. En disant *à
défaut de parents ,* cet article n'a-t-il entendu parler
que des parents légitimes, ou bien est-on autorisé à
maintenir la division entre les deux lignes s'il se trouve
dans la ligne prétendue vide un parent naturel reconnu
successible?

Le droit de succession de l'oncle naturel est pour
nous hors de doute ; en déclarant la successibilité du
neveu légitime, la loi déclare virtuellement celle de l'oncle

naturel, pour déroger, en matière de successibilité, au principe de réciprocité, il faudrait une disposition expresse et elle n'existe pas. Quant à des textes qui nous indiquent le rang à donner à ce successeur, il n'y en a pas. La loi, qui n'a pas songé à le déclarer expressément héritier, n'a pas pu évidemment songer à le classer. La question que nous nous posions tout à l'heure est donc moins une question d'interprétation qu'une question de principe. En effet, en ne s'attachant qu'au texte de l'art. 755, il nous semble qu'il n'y aurait pas grand'chose à répondre à l'argument très-simple que voici : La dévolution ne peut avoir lieu qu'à défaut de parents au degré successible dans une ligne; or l'oncle naturel est un parent successible, donc la dévolution ne peut avoir lieu.

Mais, nous l'avouons, il n'est pas probable qu'en raisonnant ainsi, on demeure dans la ligne de principes qu'a suivie le Code dans la matière des successions. Il nous paraît évident, au contraire, que si la possibilité d'un concours entre collatéraux naturels et légitimes se fût présentée à l'esprit du législateur, il eût, bien loin de l'admettre, écarté formellement toute assimilation de ce genre et ordonné notamment la dévolution d'une ligne dans l'autre, malgré la présence de l'oncle naturel. Ce qui, d'ailleurs, rend cette opinion encore plus probable, c'est qu'on arriverait autrement à donner la moitié de la succession à ce parent naturel, non-seulement quand il y aurait des collatéraux dans la ligne à laquelle il n'appartient pas, mais même en présence d'un ascendant, fût-ce le père ou la mère.

Nous resterons plus fidèles à l'esprit de la loi , en concluant de ces observations que l'oncle naturel ne vient à la succession de l'enfant légitime de son frère naturel que quand cet enfant est mort sans laisser de postérité légitime ou naturelle , ni aucun parent légitime au degré successible. S'il y a plusieurs oncles, dans cette hypothèse, ils partageront par tête. Mais là s'arrête la successibilité entre parents naturels. Si l'un des oncles était prédécédé, ses enfants même légitimes n'auraient aucun droit à exercer, ni de leur chef, ni par représentation de leur père.

CONCLUSION.

Nous venons de tracer le tableau des droits de succession des enfants naturels; nous les avons suivis en
Droit romain, dans nos anciennes Coutumes, sous la
Révolution, dans notre législation actuelle, enfin, dont
nous espérons avoir donné l'esquisse complète. Fixons
une dernière fois et pour résumer nos idées, le caractère général de ces différentes époques, dont la comparaison pourra suggérer plus d'une idée utile. Deux
législations absolues, le Droit coutumier, la loi de Brumaire; deux législations tempérées, le Droit de Justinien et le Code Napoléon. Sous les Coutumes, négation
presque universelle, sauf les aliments qu'on accorde
même aux avoutres, et, disposition qui tranche sur
cette règle d'exclusion, faculté pour les enfants de rechercher leur père et de le forcer à reconnaître leur
filiation. Sous la Révolution, excès contraire: les enfants
naturels sont mis au même rang que les enfants légitimes, ils ont les mêmes droits de famille et de succession. Tels sont les deux pôles de l'idée.

Le Droit de Justinien et celui de notre Code se sont
rencontrés dans la même pensée d'équilibre; partis de
principes très-différents, ils sont arrivés à des résultats
dont l'analogie partielle est assez frappante pour être
remarquée. Point de droits vis-à-vis du père si la filia-

tion n'est dûment constatée; droits minimes ou nuls si
le père laisse des descendants légitimes; droits beaucoup
plus étendus s'il ne laisse que des parents moins favorisés
par la loi ou s'il n'en laisse pas; voilà pour l'analogie.
Les différences nombreuses qui existent entre les deux
législations sont essentielles et caractéristiques. De l'ensemble de la législation romaine, trois principes se dé-
gagent, trois grands faits dominent la matière: l'institution
du concubinat, la liberté testamentaire de la mère et
même du père; enfin, l'égalité des enfants devant la mère.
Ce dernier principe, encore victorieux dans plusieurs
coutumes françaises, a disparu complétement dans nos
lois. Nous ne croyons pas qu'il soit très-regrettable; s'il
donnait à la maternité cette puissance exceptionnelle, il
était pour la femme une secrète injure; il semblait l'exclure de la famille civile et n'attribuer la cause de la
distinction entre légitimes et bâtards qu'à la personne
du père, seul lien civil et politique qui pût rattacher
l'enfant à l'État et à la famille. La tendance unitaire de
notre législation, en réhabilitant la femme, a peut-être
fait déchoir la mère; mais c'est un signe de respect pour
elle et sa charte d'égalité; nous ne nous en plaignons
pas. Quant aux deux premiers points, on nous permettra
de faire nos réserves; non que nous prétendions ressusciter le concubinat, ce n'est pas là notre pensée. Nous
savons à quelles circonstances locales et temporaires le
concubinat dut sa naissance; nous savons quel prix le
législateur attache et avec raison à la solennité du mariage,
quel danger il y aurait à laisser s'établir en face de lui
une institution rivale qui, comme tout calque inférieur,

porterait en elle comme la dérision du type solennel; quel concours d'événements enfin, quelles nécessités politiques et sociales il a fallu pour qu'une loi *Papia Poppea* vînt légaliser une institution aussi antipathique à la conscience morale de tous les temps. Mais le concubinat avait un avantage précieux, il assurait un père à l'enfant, et tous nos enfants naturels sont des *spurii*. On ne peut dissimuler que le concubinage au moins n'est pas rare dans nos mœurs; serait-ce réellement contredire les principes du Code que de réclamer pour les enfants naturels le bénéfice de ce concubinage, qui, à tout prendre, est moins blâmable que ces commerces d'un instant flétris par la loi romaine du nom de *stuprum?* Ce que le Code prohibe, c'est la recherche de la paternité, c'est-à-dire les procès scandaleux, les escroqueries dissimulées, les recherches dérisoires; si elle était admise à charge de prouver un concubinage, ce serait désormais une simple action en *déclaration* de paternité, et l'on ne verrait plus ce contraste choquant d'un fils qui, admis à rechercher sa mère, ne peut réclamer de l'homme qui a vécu maritalement avec elle et dont tout démontre la paternité, l'accomplissement des devoirs que ce titre entraîne.

En comparant enfin la liberté testamentaire des parents en Droit romain et leur incapacité en Droit français, on peut se demander si cette incapacité n'est pas trop absolue et si elle ne dépasse pas le but de protection que la loi recherchait en faveur de la famille. Qu'on mette des bornes aux libéralités paternelles en présence d'enfants légitimes et même d'ascendants, rien de mieux. Mais la défense absolue de donner aux enfants naturels au delà de leur portion .héréditaire a pour effet, si subtilement qu'on veuille déguiser cette conséquence, d'accorder aux collatéraux une véritable réserve, un droit que la loi leur refuse, un droit qu'ils ne pourraient exercer à l'égard d'un étranger. Il est donc permis de regretter que le législateur ne se soit pas inspiré dans de justes mesures des principes du Droit romain, qui tout en protégeant la famille civile, objet constant de la sollicitude des lois, savait accorder ses droits avec les intérêts, graves aussi, de ceux qui, sans leur fait, se trouvent exclus de la famille.

Ce sont là de simples observations qui, nous l'espérons, ne choqueront personne. On peut sans présomption émettre des doutes et exposer des scrupules quand on a de bonne foi reconnu les imperfections d'une loi que, d'ailleurs, on fait profession d'admirer. Où est le Code sans lacune? Quelle loi a jamais dit le dernier mot du Droit?

THÈSES.

DROIT ROMAIN.

I. Le *fructuum perceptio* n'est pas un moyen d'acquisition.

II. Quand une prime de gain (*palmarium*) a été promise à l'avocat depuis la fin des débats (*post causam actam*), elle peut être réclamée en justice.

III. L'enfant adultérin succède à sa mère comme les autres enfants.

IV. L'interdit *quorum bonorum* a été introduit en faveur de l'*heres* avant de l'être en faveur des émancipés ou des cognats.

DROIT FRANÇAIS.

I. L'enfant naturel a, en principe, le droit de forcer son père à le reconnaître.

II. L'enfant naturel succède à l'enfant légitime de son frère naturel.

III. L'enfant peut être adultérin vis-à-vis de l'un de ses père ou mère sans l'être vis-à-vis de l'autre.

IV. La procréation est un quasi-contrat.

DROIT CRIMINEL.

I. Quand la Cour d'assises a ordonné l'expulsion de l'accusé de l'audience, le résumé du président et l'arrêt de la Cour ne peuvent être prononcés avant son rappel.

II. La peine de mort n'est pas une peine.

DROIT PUBLIC.

I. Le pouvoir judiciaire n'est pas une branche du pouvoir exécutif.

II. Aucune indemnité n'est due, en principe, pour la libération des rivières qui traversent ou séparent plusieurs États.

III. Quand des sujets de l'un des États belligérants possèdent des immeubles situés dans l'autre, celui-ci n'a que le droit d'en mettre les revenus sous le séquestre.

Vu pour l'impression.
Strasbourg, ce 28 juillet 1857.
G. PH. HEPP.

Vu par le soussigné doyen.
Strasbourg, le 29 juillet 1857.
C. AUBRY.

Permis d'imprimer.
Strasbourg, le 30 juillet 1857.
Le recteur,
DELCASSO.